黒字を実現する20の「仕組み」の進め方

中小企業診断士・社会保険労務士
宮内健次 著
Miyauchi Kenji

5S
顧客台帳
目標管理
提案書
顧客アプローチリスト
賃金体系
決算書分析
実行予算管理
外注管理
予算管理

中央経済社

はじめに

　経営相談や経営指導のために中小企業を訪問して，社長とお話ししていますと常に仕事のことを考え，真摯に仕事に取り組んでいる姿勢がうかがえます。そして，目の前にある受注案件に対して納期に完了することを目指して一生懸命に仕事をしています。

　しかし，仕事のやり方をよく見てみますと，経営のための『仕組み』があまり組み込まれていません。例えば，会社にとって最も大切な会社の方向性を決める経営計画はなく，目先の仕事をこなすことが最優先になっています。営業では，営業担当者1人ひとりのその日の活動管理がないまま仕事が進められています。

　月次や年間の売上目標は設定されてはいますが，具体的に売上を上げていく仕組みがないのです。売上目標を目指して，あとは本人の頑張りに期待するだけです。そして目標が達成されなければ，上司が叱咤激励します。これではなかなか目標は達成できません。まさに担当者任せの営業といえます。

　工場も同様です。作業で使用する工具を探していたり，機械のトラブルで生産が止まっていたりして本来の仕事以外に時間を費やしています。また，機械の技術を若手に覚えてもらおうとしても指導する仕組みがありません。このため，若手は，熟練者のやり方を見て覚えます。熟練者は，技術的に難しい部分などは口頭で説明し，長い時間をかけて仕事を教えていくのが当たり前になっています。

はじめに

　さらに，総務では，評価やそれに伴う賃金を社長が1人で決めているケースが多く見られます。しかし，中小企業の社長は工場を見たり取引先を訪問したりするなど，あらゆることに関わり多忙な日々を送っています。そうした状況の中で，すべての社員の行動を把握していくのは容易ではありません。ましてや，社員が10名以上になったら見きれないというのが実状ではないでしょうか。

　経理では，現金の入出金管理以外は顧問税理士に任せていることも多いかと思います。そのため，決算について，取引金融機関に説明する時には社長に代わり顧問税理士が説明しています。

　こうした問題を解消するためには，経験や勘だけに頼るのではなく，経営が仕組みで動くようにしていくことが必要です。経営が仕組みで動くようになれば，効率的な作業進行が可能となり，たとえ，製品トラブルなどが発生してもマニュアルなどで速やかに対応することができるようになります。

　さらに，会社には事業承継という問題もあります。事業は，次の世代に承継されていくものです。経営の仕組みが整備されていなければ会社の運営をスムーズに承継することができません。経営の仕組みを構築して会社の経営について後継者に承継できるようにしましょう。

　本書では，黒字経営をしていくうえで重要な20の『仕組み』をご紹介しています。すでに読者のみなさまの会社で，導入済みの仕組みもあると思います。その場合は，本書でご紹介する仕組みと比較していただきたいと思います。そして，まだ取り入れていない仕組みは，導入を検討していただきたいと思います。ここでご紹介する仕組みは，著者が中小企業へのコンサルティングを実践する中で役に立つことが実証されたものばかりです。

さて，本書では，まず第1章で，経営の仕組みについて，体系に基づいて解説します。次に第2章で，経営の仕組みの中で最上位に位置づけられる「経営計画」を解説します。経営計画の仕組みは，各部門の仕組みの司令塔の役割を果たします。経営の仕組みは，経営計画を通して社内全体に浸透していくようになるのです。

　経営計画を作成するに際しては，その主要施策の中に，会社が必要とする仕組みを導入して実行していくようにします。会社が必要とする仕組みについて本書では，「5S」「改善提案制度」「経営会議」「営業日報」「顧客台帳」「顧客アプローチリスト」「提案書」「作業手順書」「外注管理」「購入管理」「品質向上委員会」「賃金体系」「人事考課」「目標管理」「社員教育」「予算管理」「実行予算管理」「資金繰り管理」「決算書分析」を第3章から第7章で解説いたします。

　なお，第2章から第7章で紹介します『仕組み』を導入していない会社の皆様に向けた著者からのメッセージを，各節の最後に入れさせていただきました。こちらも併せてお読みいただければと思います。

　第8章では，実際に仕組みを導入して経営改善した会社の事例をご紹介しています。

　ぜひ本書をもとに黒字経営を実現する仕組みの導入に取り組んでいただければ幸いです。

2018年10月

宮内　健次

もくじ

はじめに・3

第1章　経営の仕組みとは何か・15

第1節　仕組みのない経営の抱えるさまざまな問題……………16

第2節　経営に仕組みを取り入れる……………………………18

第3節　経営の仕組みを事業承継する…………………………20

第4節　仕組みのメリット………………………………………21

第2章　経営部門で作る「経営計画」は会社の最大の仕組み・25

1　経営計画とは……………………………………………………26
2　経営計画の作り方………………………………………………26
3　経営計画で作成するテーマ……………………………………28
4　経営計画のテーマの具体的説明………………………………32
5　行動計画をPDCA方式の行動計画管理表で管理……………51

6	重要業績評価指標（KPI）の設定	58
7	経営計画の主要施策に「仕組み」を組み込む	61
8	進捗管理の重要性	63
9	進捗管理の進め方	65
10	経営計画作成による社内のメリット	67
11	経営計画作成による金融機関から得られるメリット	69
12	経営計画を作成していない会社	70
13	経営計画を作成していない会社の社長へ	74

第3章　全部門共通で作る「5S」「改善提案制度」「経営会議」の仕組み・79

第1節　5Sの仕組み……80

1	5Sとは	80
2	5Sの効果	80
3	5Sの組織作り	82
4	5Sの進め方	89
5	5Sを行っていない会社	100
6	5Sを行っていない会社の製造部長へ	101

第2節　改善提案制度の仕組み……105

1	改善提案制度とは	105
2	改善提案制度のメリット	105
3	改善提案制度の組織作り	106
4	改善提案制度の進め方	108

もくじ

5　改善提案制度を行っていない会社 …………………………………… 108
6　改善提案制度を行っていない会社の製造部長へ …………………… 109

第3節　経営会議の仕組み …………………………………………… 112

1　経営会議とは ……………………………………………………………… 112
2　経営会議のメリット ……………………………………………………… 112
3　経営会議の構成と開催 …………………………………………………… 112
4　経営会議の進め方 ………………………………………………………… 113
5　経営会議を開催していない会社 ………………………………………… 116
6　経営会議を開催していない会社の社長へ ……………………………… 117

第4章　営業部門で作る「営業日報」,「顧客台帳」,「顧客アプローチリスト」,「提案書」の仕組み ・119

第1節　営業日報の仕組み …………………………………………… 120

1　営業日報とは ……………………………………………………………… 120
2　営業日報のメリット ……………………………………………………… 120
3　営業日報の構成 …………………………………………………………… 120
4　営業日報の使い方 ………………………………………………………… 122
5　営業日報を作っていない会社 …………………………………………… 122
6　営業日報を作っていない会社の営業部長へ …………………………… 123

第2節　顧客台帳の仕組み …………………………………………… 126

1　顧客台帳とは ……………………………………………………………… 126

2	顧客台帳のメリット	126
3	顧客台帳の構成	127
4	顧客台帳の使い方	129
5	顧客台帳を作っていない会社	130
6	顧客台帳を作っていない会社の営業部長へ	131

第3節　顧客アプローチリストの仕組み　133

1	顧客アプローチリストとは	133
2	顧客アプローチリストのメリット	133
3	顧客アプローチリストの構成	133
4	顧客アプローチリストの使い方	134
5	顧客アプローチリストを作っていない会社	135
6	顧客アプローチリストを作っていない会社の営業部長へ	136

第4節　提案書の仕組み　139

1	提案書とは	139
2	提案書のメリット	139
3	提案書の構成	139
4	提案書の使い方	142
5	提案書を作っていない会社	142
6	提案書を作っていない会社の営業部長へ	143

第5章 製造・建設部門で作る「作業手順書」、「外注管理」、「購入管理」、「品質向上委員会」の仕組み・145

第1節　作業手順書の仕組み……………………………………… 146

1　作業手順書とは ………………………………………………… 146
2　作業手順書のメリット ………………………………………… 146
3　作業手順書の構成 ……………………………………………… 148
4　作業手順書の使い方 …………………………………………… 149
5　作業手順書を作っていない会社 ……………………………… 149
6　作業手順書を作っていない会社の製造部長へ ……………… 150

第2節　外注管理の仕組み ………………………………………… 153

1　外注管理とは …………………………………………………… 153
2　外注管理のメリット …………………………………………… 153
3　外注管理の手順 ………………………………………………… 154
4　外注管理で収益向上を図る …………………………………… 156
5　外注管理を行っていない会社 ………………………………… 157
6　外注管理を行っていない会社の製造部長へ ………………… 158

第3節　購入管理の仕組み ………………………………………… 161

1　購入管理とは …………………………………………………… 161
2　購入管理のメリット …………………………………………… 161
3　購入管理の手順 ………………………………………………… 162
4　購入管理を行っていない会社 ………………………………… 164
5　購入管理を行っていない会社の社長へ ……………………… 165

第4節　品質向上委員会の仕組み……………………………168
1　品質向上委員会とは……………………………168
2　品質向上委員会のメリット……………………168
3　品質向上委員会の構成と開催…………………168
4　品質向上委員会の進め方………………………169
5　品質向上委員会を開催していない会社………172
6　品質向上委員会を開催していない会社の社長へ…………173

第6章　総務部門で作る「賃金体系」,「人事考課」,「目標管理」,「社員教育」の仕組み・177

第1節　賃金体系の仕組み……………………………178
1　賃金体系とは……………………………………178
2　賃金体系の構築のメリット……………………178
3　賃金体系の構成…………………………………179
4　賃金体系の構築の進め方………………………180
5　賃金体系を作っていない会社…………………183
6　賃金体系を作っていない会社の社長へ………184

第2節　人事考課の仕組み……………………………187
1　人事考課とは……………………………………187
2　人事考課のメリット……………………………187
3　人事考課の内容…………………………………188
4　人事考課の進め方………………………………189

5 人事考課表を作っていない会社 ……………………………………… 193
6 人事考課表を作っていない会社の社長へ ……………………………… 194

第3節　目標管理の仕組み ……………………………………… 197

1 目標管理とは ……………………………………………………… 197
2 目標管理のメリット ……………………………………………… 197
3 目標管理の使い方 ………………………………………………… 198
4 目標管理の進め方 ………………………………………………… 199
5 目標管理を作っていない会社 …………………………………… 204
6 目標管理を作っていない会社の社長へ ………………………… 205

第4節　社員教育の仕組み ……………………………………… 208

1 社員教育とは ……………………………………………………… 208
2 社員教育のメリット ……………………………………………… 208
3 社員教育の進め方 ………………………………………………… 208
4 社員教育を行っていない会社 …………………………………… 210
5 社員教育を行っていない会社の社長へ ………………………… 211

第7章　経理部門で作る「予算管理」,「実行予算管理」,「資金繰り管理」,「決算書分析」の仕組み・215

第1節　予算管理の仕組み ……………………………………… 216

1 予算管理とは ……………………………………………………… 216
2 予算管理のメリット ……………………………………………… 216
3 予算管理の進め方 ………………………………………………… 217

| 4 | 予算管理を行っていない会社 | 220 |
| 5 | 予算管理を行っていない会社の社長へ | 221 |

第2節　実行予算管理の仕組み … 223

1	実行予算管理とは	223
2	実行予算管理のメリット	223
3	実行予算管理の内容	223
4	実行予算管理の進め方	225
5	実行予算管理を行っていない会社	226
6	実行予算管理を行っていない会社の社長へ	227

第3節　資金繰り管理の仕組み … 229

1	資金繰り管理とは	229
2	資金繰り管理のメリット	229
3	資金繰り表の内容	229
4	資金繰り管理の進め方	232
5	資金繰り管理を行っていない会社	232
6	資金繰り管理を行っていない会社の社長へ	233

第4節　決算書分析の仕組み … 235

1	決算書分析とは	235
2	決算書分析のメリット	235
3	決算書の重要性	236
4	決算書の「3表」のなかみ	236
5	決算書分析を行っていない会社	260
6	決算書分析を行っていない会社の社長へ	261

もくじ

第8章　仕組みの導入で経営改善した事例・265

事例1　製造会社の経営改善 ……………………………………………… 266

1　現　況 ………………………………………………………………… 266
2　業績低下の原因 ……………………………………………………… 266
3　経営計画の主要部分 ………………………………………………… 267
4　5Sを会社で推進 …………………………………………………… 267
5　経営内容が改善した ………………………………………………… 272

事例2　建設会社の経営改善 ……………………………………………… 275

1　現　況 ………………………………………………………………… 275
2　業績低下の原因 ……………………………………………………… 275
3　経営計画の主要部分 ………………………………………………… 276
4　徹底したコストダウンを推進 ……………………………………… 276
5　経営内容が改善した ………………………………………………… 280
6　2期比較の損益計算書（売上総利益まで）………………………… 281

おわりに・283

第1章

経営の仕組み
とは何か

　「経営の仕組み」とは，会社の経営に「仕組み」を取り入れて経営していくというものです。これにより，従来の"成り行き経営"から，"仕組みに基づいた経営"となり，経営基盤が強固なものになるとともに会社の運営が見える化します。

第1節　仕組みのない経営の抱えるさまざまな問題

　私がコンサルティングで訪問させていただいた中小企業で,「経営していく際の基本となる経営計画はありますか」と社長にお聴きすると「当然あります」という答えが多くの場合返ってきます。

　しかし,内容を詳しく聴いてみますと,「今年度はいくら売り上げる」という売上目標しかない例が数多くあります。これでは,その売上を上げるために社員は何を実施したらいいのかわかりませんので,売上目標は掛け声だけで終わってしまいます。

　また,社長から「環境の変化が激しく将来のことはわからないのだから詳細な経営計画を作成してもムダだ」という声もよく耳にします。そうした会社は計画を作成せずに漫然と進んでいき,新たなビジネスチャンスが目の前に現れても気づきませんし,顧客ニーズが変わっても適応できなくて,いつの間にか業績が落ちています。

　一方,事務所や工場では不要品が積み上がっていたり,整頓ができず常に工具類を探しています。さらにルールも整備されていないので,人によって仕事のやり方が異なります。

　営業部門では,会社全体の営業目標はあるものの,営業日報もなく日常活動はすべて営業担当者任せとなっています。社長に「毎日の営業の成果の確認をしていますか」と問うと,「自分も忙しいので確認などしていない」と言います。それでも目標を達成するのであればよいのですが,目標は達成できず月初に営業担当者に目標を達成するように叱咤激励しています。

　工場では,忙しく働いているようには見えますが,生産するうえで不適合（作ったものが検査などの基準を満たしていないこと）が発生したり,

取引先からクレームが発生しています。

　そうした場合の対応は，優先的に手直しをして終わりにしています。同じ不適合やクレームが起きないようにする再発防止策は考えられていません。さらに，そうした不適合やクレームが発生したという記録もとりません。このため，不適合が過去にいつ発生したかもわかりませんし，同じような事態が繰り返されます。

　また，工場内では熟練の作業員とともに若手の作業員が作業をしていますが，熟練の作業員は黙々と作業しています。その傍で，若手の作業員が見ている様子がうかがえます。そうした姿について社長にお聴きすると，「熟練の作業員の作業の妨げにならないように，傍で作業を見てその方法を覚えています」ということでした。

　社員教育が，徒弟制度のようになっており後輩が先輩を見て覚えています。作業手順書もないのでそうするしかないとのことでしたが，これでは仕事を覚えるのに相当な時間がかかります。熟練の作業員が定年などで退職する際は，仕事の引き継ぎができなくて四苦八苦しているそうです。

　総務でも，賃金を社長1人で決定していることが多く見られます。1人で評価するのが難しいと思われる人数でも社長は，部門長にヒアリングなどをして評価しています。このため，社長は目に見える部分しか評価せず，片寄った評価も発生しています。

　経理では，決算書などの会社の計数に関わるものは，税理士に任せているので，社長からは「詳しいことは顧問税理士に聞いてください」と言われます。社長本人から経営実態についての計数の説明がなく，これでは，社長が経営上の数字の問題点を本当に掴んでいるのか疑問になります。

　さらに，事業承継が必要になってきた場合でも，会社の運営に必要な経営計画や取引先情報，技術・技能などの整備ができていないためにスムーズに事業の引き継ぎが進みません。

第2節　経営に仕組みを取り入れる

　前述のような問題を解消するために，経営にさまざまな「仕組み」を取り入れていきます。

　第1には，経営部門として，経営計画の仕組みを取り入れます。
　経営計画は，会社の経営ビジョンを達成するために最も重要な仕組みです。経営ビジョン達成のためのシナリオを書いた経営計画があることによって，確実に経営ビジョンの達成に向かうことができます。

　第2には，全部門共通として，5S，改善提案制度，経営会議の仕組みを取り入れます。特に5Sは，整理，整頓，清掃，清潔，躾を基本とした環境整備活動で，会社の柱となるものです。

　第3には，営業部門として，営業日報，顧客台帳，顧客アプローチリスト，提案書の仕組みを取り入れます。

　第4には，製造・建設部門として，作業手順書，外注管理，購入管理，品質向上委員会の仕組みを取り入れます。

　第5には，総務部門として，賃金体系，人事考課，目標管理，社員教育の仕組みを取り入れます。

　第6には，経理部門として，予算管理，実行予算管理，資金繰り管理，決算書分析の仕組みを取り入れます。

会社によっては，すでに取り入れている仕組みもあると思います。そうした場合は，ここで記載した内容と比較して足りない部分を取り入れていただきたいと思います。

なお，仕組みの全体像は，下記のとおりです。

経営に重要となる仕組み

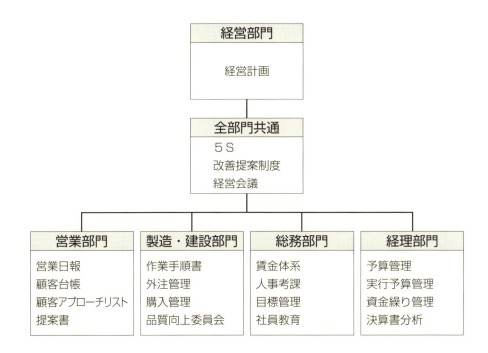

第3節　経営の仕組みを事業承継する

　経営の仕組みは，会社の事業承継にも必要となります。

　中小企業庁が公表している「経営者のための事業承継マニュアル」によると，事業承継の構成要素は大きく3つに分けられます。

　その3つとは，①後継者教育などを進めて経営権を引き継ぐ「人」の承継，②自社株式・事業用資産，債権や債務など「資産」の承継，③経営理念や取引先との人脈，技術・技能といった「知的資産」の承継です。

　この3つのうち知的資産は，まさに経営の仕組みにつながります。本書でいう経営の仕組みが整備されていなければ，きちんと知的資産を承継することができません。特に，事業承継の根幹の1つに位置づけている経営理念の承継は，経営計画の中心テーマでもあります。経営計画などの経営の仕組みを整備することは，まさに事業承継の知的資産を整備することになります。

　この経営の仕組みをきちんと構築することで，知的資産が容易に事業承継され，事業承継後も会社をきちんと運営していくことができます。

（注）　事業承継の構成要素並びに事業承継に関する記載は，「経営者のための事業承継マニュアル」（中小企業庁）の資料参照

第4節　仕組みのメリット

仕組みを取り入れると次のようなメリットがあります。

会社の目指す先が明確になります

経営計画により，経営ビジョンが明示されます。それにより，経営目標も定められますので，会社の目指す先がはっきりします。社員にとっては，行き先が明確なので迷うことなく進んでいくことができます。

仕事のムダ，ムラ，ムリがなくなります

5S活動を推進することにより，不要品がなくなり，どこに何があるかがわかります。また清掃が徹底され不良品の発生を防止したりルールが明確になり，統一した手順で仕事を行うことができるようになります。また，改善提案制度により仕事が効率的になります。

営業の生産性が向上します

営業部は，営業日報をもとに営業担当者にきめ細かい指示を出します。また，顧客台帳に基づき取引先を徹底的に管理し，取引先に必要な製品をタイムリーに販売していきます。さらに，大型案件や新規先などの難しい取引先について，顧客アプローチリストにより会社全体で取り組むことで，契約獲得を強力に推進できます。さらに，提案書を作成することで成約率も高まります。

作業の生産性が向上します

製造部のように，熟練者からの口伝えで覚える作業のやり方については，作業手順書を整備することで，手順を早く覚えることができます。間違いも減少していき，作業のムダがなくなり作業の効率化が進みます。

 ## コストダウンが進みます

外注管理や購入管理を徹底し，コストダウンを図っていきます。また，品質向上委員会により不具合やクレームをなくし，作り直しの手間を減少させます。

 ## 社員のやる気や仕事力が上がります

賃金体系，人事考課，目標管理が整備されることで，毎年個人ごとの目標をもとに公正な人事考課が行われ，その結果に基づき賃金が支給されます。適正な処遇や配置がなされることで，社員のやる気は上がっていきます。さらに，社員教育により仕事力がアップしていきます。

 ## 計数に基づく経営になります

予算に基づく経営を推進し，常に計画と実績を対比してみていきます。これにより，計画を下回れば，早急に対策を講じ，経営目標を確実に達成していくことができます。

一方，資金管理も徹底され資金繰りの心配がなくなります。さらには，自社の決算を分析する力を持つことで，決算の計数分析をもとに，次年度以降の会社の方向性を打ち出すことができます。

取引金融機関の評価が向上します

決算分析がきちんとできるようになることで、取引金融機関と自社の課題や今後の方向性について、経営計画をもとに、計数で話をすることができるようになります。これにより、取引金融機関の信頼度が高まります。

事業承継がスムーズに進みます

事業承継の根幹の1つと言われている経営理念をはじめ経営の運営方針が経営計画の中でしっかり作成されます。

さらに取引先情報や技術・技能などが整備されることで後継者は、会社の運営をきちんと行っていくことができます。

第2章

経営部門で作る経営計画は会社の最大の仕組み

　経営部門で作る仕組みとしては，経営計画の仕組みがあります。この仕組みは，仕組みの中でも最も大切なものです。
　なぜなら，経営計画は，会社の行く末，いわゆる未来を描いた設計図だからです。この設計図いかんで，会社の経営は間違った方向にいくこともあります。

1　経営計画とは

経営計画とは，会社のビジョンを明示し，そのビジョンを実現するための計画作りです。例えば，建物を建てる場合に，設計図と作業工程表なしに作業を進めていくことはありません。

もし，設計図や作業工程表もなく建設を進めていくとなると，担当者は，どのような建物になるのかわからないために，どの材料を使用してよいかわかりません。また，いつの時点で作業が開始されるのかもわからないため作業が進められません。

これでは建物を建てることはできません。会社経営では，この「設計図」はビジョンにあたり，「作業工程表」は具体的施策と行動計画にあたります。

2　経営計画の作り方

経営計画により，経営ビジョンが明示され，社員はそのビジョンに向かって進んでいきます。また，経営計画にビジョン実現のための計画がきちんと組み込まれていれば，社員のムダな行動がなくなり，目標に向かって効率的な仕事ができるようになります。

そのためにも，**経営計画は，社員参加型で作成していきます。**

社長が1人で作成するより時間がかかってしまうという点はありますが，社員にとっては自らが参加して作成したという思いが強くなり，より大きな成果が期待できます。以下では，社員を参加させた経営計画の作成について具体的にご説明します。

(1)　経営計画委員会を立ち上げる

経営計画を作成するプロジェクト（「経営計画委員会」といいます）のメンバーは，社長，役員，部門長その他必要に応じて施策の責任者を任命

します。さらに，プロジェクトの進行状況の把握のため，議事録作成や資料の取りまとめ役を総務部門あるいは企画部門から任命し，事務局とします。このメンバーにより，毎月，経営計画委員会を開催し，経営計画を作成していきます。

(2) 経営計画はA4用紙1枚で作る

　中小企業の場合は，人数が限られていて，部門や職務を兼任したりしています。また，経営計画を作ろうとしても，日常の仕事に追われ，なかなか時間を作ることができません。

　そこで，**経営計画はA4用紙1枚で作ることをお勧めします**（筆者が考案したA4用紙1枚で作成できる経営計画書の例は30ページをご参照ください）。筆者が考案した経営計画書は，A4用紙1枚ではありますが，経営ビジョンを達成するためのテーマが揃っています。したがって十分に経営ビジョンを明示することができます。さらに，このA4用紙1枚の経営計画書には次のようなメリットがあります。

① **経営計画全体が一目で俯瞰でき，一覧性がある**

　経営計画を見るために，何枚も紙をめくる必要がありません。この1枚を見ることで，会社がどの方向に，どのように進んでいくのかが一目でわかります。

② **「11のテーマ」に答えるだけで完成する仕組みになっている**（後述3参照）

　この経営計画書には11のテーマの見出しがあります。そのテーマに応じて枠の中に記載していくことで経営計画書が完成します。

③ **会社の基幹表の位置づけになる**

　会社の規模や事業内容により，本計画書以外に必要な管理表があれば，本計画書を基幹表として，別途作成し添付するようにします。

3　経営計画で作成するテーマ

経営計画の作成では，次の11のテーマを検討していきます。

① 意　義
② 経営理念
③ 経営ビジョン（会社の将来構想や夢）
④ 外部環境
⑤ 内部環境
⑥ 経営目標（事業目標や目標利益など）
⑦ 経営方針（目標達成のための人，物，金，情報などの経営資源の枠組み）
⑧ 目標利益計画（3か年の利益計画）
⑨ 月別目標利益計画
⑩ 主要施策（3か年の施策）
⑪ 行動計画

　この11のテーマを経営計画のフローで図式化したもの（29ページ）と，A4用紙1枚の経営計画書の例（30～31ページ）は次のようになります。

経営計画のフロー図

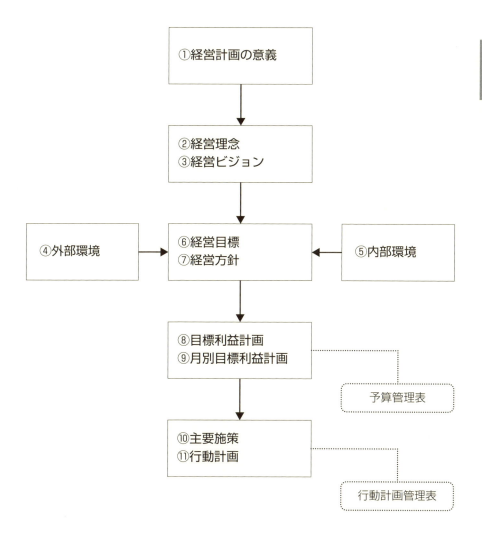

　①から⑪のテーマのほかに，企業の規模や状況により，目標利益計画をもとに1年目の予算管理表や，主要施策をもとに1年目の行動計画管理表を作成します。

第2章　経営部門で作る「経営計画」は会社の最大の仕組み

経営計画書の例

○○カステラ製造株式会社　　経営計画書
【計画期間：○年度～○年度】　　（副題：プロジェクト　77）

1．意義
　当社を取巻く状況としては，家計消費支出をみると菓子類全体としては増加傾向にあるにもかかわらず，カステラに関しては減少傾向にある。
　一方，社内では，社員の技術職の高齢化が進み若年層の教育が必要となっている。
　こうした状況において，当社の経営基盤を確かなものにするために，今回，経営計画を作成した。この経営計画に従って，全員が共通の認識を持って進んでいってもらいたい。
　経営ビジョンは，「○○地域No.1」である。このビジョンの基に経営目標を作成している。
　また，全員に経営計画の目標をわかりやすくするために，『プロジェクト77』のサブタイトルを付けた。77とは，売上高7億円，売上高営業利益率7％をいう。

2．経営理念
1．カステラで，家庭に笑顔を届ける。
2．カステラのおいしい味の追求をする。

3．経営ビジョン（3年後あるいは将来）
○○地域のシェアNo.1になる。

6．経営目標（3年後）
1．売上高　　　　　7億円
2．売上高営業利益率　7％
3．新規取引先の増加と新商品開発の推進

4．外部環境

政治環境	（機会）	法改正等で国内に外国人が
	（脅威）	規制緩和を打ち出し，各
経済環境	（機会）	低金利で推移している。
	（脅威）	景気が低迷しているため，
社会環境	（機会）	インターネットやSNSの
	（脅威）	労働力人口が減少してい
市場環境	（機会）	付加価値の高い商品が増
	（脅威）	お菓子類をはじめ，嗜好
その他環境	（機会）	世代交代の中で，良い商
	（脅威）	カステラの老舗の地盤が

5．内部環境

強み	・創業34年の歴史を持ち，3代目とし ・地域では，当社のカステラの味が定 ・独自のカステラ製造技術を保有し付
弱み	・年功序列的な体質が温存している ・生産の管理が確立していないため， ・営業先が固定化しており，新規開拓

7．経営方針
（人）：人材教育を進めて能力開発を行う。
（物）：新規機械導入等により生産効率と生産
（金）：設備資金，運転資金管理を徹底する。
（情報）：社内システムを整備し，業務の効率

10．主要施策

部門	○年度	○年度	○年度
共通部門	・5S活動の導入・推進 （4月～3月）	・改善提案制度の導入・推進（4月～3月）	・新人事制度の構築 賃金体系の見直し
	・HACCPの導入 認証取得準備10月開始	・HACCPの認証取得 認証審査6月合格	・HACCPの継続
営業部門	・新規百貨店の開拓 2先開拓	・新規卸ルートの開拓 1先開拓	・イベントの推進 百貨店等イベントに参加
	・ネット店舗販売の推進 ネット売上5％増加	・直販店，軽食店の強化 店舗の売上5％増加	・新店舗を出す 1店舗新設
製造部門	・新商品開発と開発体制整備　2商品開発	・新商品の開発 2商品開発	・新商品の開発 2商品開発
	・工場の省人化，効率化 生産コスト5％削減	・作業手順書の整備 製造に関わる手順書完成	・経費のムダの削減 経費5％削減
総務部門	・社員の教育体系の構築	・社員のスキルマップとスキルアップ計画の作成・実行	・社内基準の整備
	・受発注システム導入で在庫10％削減	・資金繰り表による資金管理	・経理の見える化の構築

11．○○年度の月別行動計画

部門	具体的行動内容
共通部門	・5S委員会を立ち上げ，全社で5 （整理，整頓，清掃，清潔，躾ま
	・HACCP委員会を立ち上げ認証取 （来年6月に認証取得）
営業部門	・新規百貨店をリストアップしセー （2先は開拓する）
	・社外のネット専門店舗に参加をす 売上5％に増加）
製造部門	・開発リーダーを中心に高級品開発 問2商品を開発
	・機械導入による省人化と生産ライ な運用を行う。（生産コスト5％
総務部門	・階層別に必要項目を洗い出し教育 図る。
	・受発注システムを導入し在庫の把 庫保有を10％削減する。

| ○年度 | | ○○年○月○日作成 |

8. 目標利益計画
（単位：百万円）

項目	○年度計画	○年度計画	○年度計画	○年度実績	成果と反省
売上高	600	650	700		
売上原価	360	357	350		
売上総利益	240	293	350		
一般管理費等	210	254	301		
営業利益	30	39	49		

9. ○年度の月別目標利益計画
（単位：百万円）

項目	区分	4月	5月	6月	7月	8月	9月	10月	11月	12月	1月	2月	3月	合計
売上高	計画	40	40	60	80	40	40	40	60	80	40	40	40	600
	実績													
売上原価	計画	24	24	36	48	24	24	24	36	48	24	24	24	360
	実績													
売上総利益	計画	16	16	24	32	16	16	16	24	32	16	16	16	240
	実績													
一般管理費等	計画	14	14	21	28	14	14	14	21	28	14	14	14	210
	実績													
営業利益	計画	2	2	3	4	2	2	2	3	4	2	2	2	30
	実績													

12. ○年度の総括（成果と反省）

第2章　経営計画は会社の最大の仕組み　経営部門で作る

4　経営計画のテーマの具体的説明

ここからは，いよいよ 3 で述べた11のテーマを作成する際の具体的なポイントをご説明します。

(1) 意義を作る

経営計画の意義を作成します。経営計画の意義は，社内的には，社員に経営計画に取り組む会社の思いを浸透させる役割があります。一方，対外的には，会社の将来の姿を認識させる役割があります。

経営計画は，突然作成するものではありません。当然，経営計画を立てるに至った背景や思いがあるはずです。それをきちんと社員に説明することにより，経営計画をしっかりと理解することができるのです。

後述する自社を取り巻く外部環境と内部環境（39ページ）を踏まえて，自社にとっていかに経営計画の作成が必要であるかを記載していきます。また，この**経営計画の作成の意義は，経営のトップである社長自らが記載すべき**です。社長自らが経営計画の作成の意義を書くことで，社長としての経営計画を達成するための決意表明にもなるからです。

この意義では，次のようなことを記載します。

第1は，経営計画への思いです。
今回，なぜ経営計画を作成するに至ったかの思いを記載していきます。
例えば，従来成り行き管理で，業績が悪化傾向にあった会社が経営計画を作成することで，計画経営に転じ，将来のビジョンを目指して進んでいく，といったことです。

第2に，会社の過去の成長の軌跡です。

いままで，会社は，どのような歴史をたどってきたのか過去の成長を経営計画作成にあたって振り返ります。

第3に，会社を取り巻く外部環境です（詳細は，後記(4)に記載）。
現在，会社を取り巻く外部環境はどういう状態にあるのかをみていきます。

第4に，会社の内部環境です（詳細は，後記の(5)に記載）。
会社の商品力，人材力など現在持っている会社の能力についてみていきます。

第5に，会社の経営ビジョンです（詳細は，後記の(3)参照）。
将来，会社をどのようにしていくのか，そのビジョンを明示します。

第6に，会社の経営目標です（詳細は，後記の(6)に記載）。
経営ビジョンを達成するために，どのように経営目標を立てているかをその目標を明示します。

第7に，経営計画の全体の構成と進め方です。
経営計画のガイドラインとして，経営計画の全体の構成を記載します。さらに，この経営計画を今後どのように進めていくのかを記載していきます。

第8に，経営計画の副題です。

この経営計画全体を通じて，経営計画を一言でいうとどういう計画なのかを表す副題をつけます。

経営計画を各項目に従って作成しただけでは，経営計画のねらいがなかなかわかりづらい面があります。このため作成した経営計画全体を一言でいい表す副題を作り，経営計画を身近なものに感じてもらいます。

例えば，ある建設会社では，経常利益1億円になることが会社の最大の経営目標であるとして，「プロフィットワン」という副題をつけました。

(2) 経営理念を作る

経営理念は，経営計画の中で，最も大切なものです。経営計画は，経営理念から始まるからです。

経営計画の頂点は，経営理念

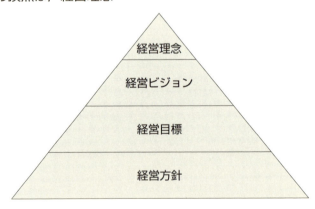

広辞苑によれば，経営理念とは「企業経営における基本的な価値観・精神・信念あるいは行動基準を表明したもの」となっていますが，ここでは，「経営活動をしていくうえでの経営指針」とします。なお，経営理念は，

会社によって，さまざまな捉え方をしています。

社会貢献など企業の存在意義を中心にしたもの，経営をしていくうえで重要視していることを記載したもの，また，社会人としての心がけなどの行動基準を記載したものなどがあります。

中小企業の場合，経営理念といっても言葉がなかなか浮かんでこないことがよくありますが，あまり，「こうでなくてはならない」と規定しなくてよいと思います。自社の歴史を振り返るなどして自社にあったものを作っていただきたいと思います。

さて，経営理念を作る目的を考えます。

経営理念を作る目的は，経営活動をするうえでの「モノサシ」を作るということです。この「モノサシ」を基準として経営活動を進めていくことになります。

そして，この「モノサシ」には，「**社会での役割**」と「**会社の判断基準**」**という2つの目盛を入れる**ことがポイントです。会社が社会でどのような役割を果たしていくのか，また，会社を運営していくうえで，社員がどのような判断基準で進んでいくのかをきちんと明確にしていくことで組織が一丸となって進んでいくことができるからです。

経営をしていくうえで，経営活動が，この経営理念に合っているかを常に検証していきます。もし，経営理念に合わない経営になっていたとしたら，見直していくことになります。

次に，実際の経営理念の作り方ですが，すでに何らかの経営理念があるのでしたら，それを踏襲するのが良いと思います。ただし，その経営理念が，現在の時代背景や経営内容とかけ離れているのであれば再検討が必要です。また，現在，経営理念としてこれはというものがないのであれば，次のようなことから考えましょう。

① 社長が経営してきた中でのモットー(座右の銘)は何だったか

経営者がいつも言っている言葉や大切にしている座右の銘を経営理念にします。

② どうやって会社を創業しようと思ったのか

創業時の創業理念やそのときの思いを経営理念にします。

③ 普段,どういう姿勢で経営に取り組んでいるか

普段,経営している際に重要視している考え方があればそれを経営理念とします。

また,経営理念の内容は,経営をしていくうえでのモノサシとなり,社員全員が共有していきますので,わかりやすいものやなじみやすいものがよいでしょう。

経営理念を作るからといって,特別にカッコいいものを考えようとする必要はありません。また,他社の経営理念(私が経験した事例では,「社会のニーズにあった質の高い製品とサービスを提供する」といった社会を意識したものや「社員の生きがいと思いやりを持ち明るい職場を創る」といった社員を中心にしたものなどがありました)を参考にするのは良いですが,そのままマネしても何の意味もありません。

(3) 経営ビジョンを作る

経営ビジョンは,会社の将来のあるべき姿(夢)です。

経営ビジョンを作るとは,将来どのような会社になりたいのかを描くことです。どんな会社でも,将来こうなりたいという夢があると思います。そうした夢を経営ビジョンとしてあげていきます。

単に漠然とこうありたいというのではなく,「社長の強い思い」が必要となります。

ここで社長の強い思いといいましたが,創業社長や二代目社長などでない場合は,経営計画委員会などで,経営ビジョン草案を作成して決定して

いく方法もあります。

中小企業では，日常の業務に追われ，将来のことはあまり考えていない，あるいは明確に意識していなかったという場合があります。こうした場合で，どうしても夢が描けないのであれば，現状をみて3年後はこうなると推定して経営ビジョンを作成しても良いでしょう。

経営ビジョンにも，ステップがあります。いきなり大きな夢に到達できれば良いのですが，大きな夢であればあるほど時間がかかります。やはり，何年後にこうなるという夢のステップを踏むことになります。

筆者が提案する経営計画は，3年を想定しています。もし，夢が長期にわたる場合は，その夢の途中のステップとして，3年後はここまで到達するということを経営計画に加えましょう。

次に，経営ビジョンの内容について考えます。

経営ビジョンとしては，社長の強い思いが必要といいましたが，「単に会社を大きくしたい」というようなものでは，漠然としていてわかりません。

もっと具体的な経営ビジョンを作るには，次のような視点で考えてみましょう。

① 事業領域はどこなのか

会社は，将来，どのような事業領域を伸ばそうとしているのか。

② 商品は何なのか

会社は，将来，どのような商品を主力にしようとしているのか。

③ 規模はどの程度なのか

会社は，将来，売上や利益などについて，どの程度大きな規模にしようとしているのか。

④ 社員の夢になるのか

会社の掲げたビジョンは，社員の夢に結びつけられるのか。

経営ビジョンが社員の夢になるのが一番

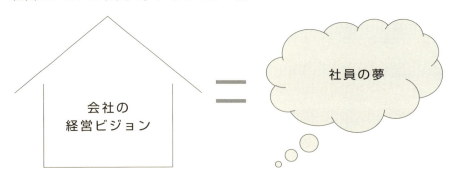

　この中で，特に「**会社の経営ビジョンが社員の夢になるのか**」は**最も大切**です。会社に入社する社員にとって，職場の環境や賃金は重要な要素ですが，それだけではありません。会社が将来どのような経営ビジョンを掲げているかも，会社で働く大変重要な要素です。会社の経営ビジョンと自分が会社で実現しようとしている夢とが一致することによって，社員は仕事にやりがいが出てきます。

　こうしたことから，経営ビジョンが「社員の夢になるのか」という点は，十分に考慮したいものです。

　筆者の経験では，中小企業で，株式上場を経営ビジョンに掲げる会社をよく見かけます。株式上場は知名度も上がり，市場から大きな資金を獲得することができ，大きな夢となっています。また，会社の認知度が高くなることで社員に大きな誇りが持てます。

　その他の事例では，「○○建設業で○○地域ナンバーワン」などというものもあります。やはり，業種や地域でトップに立つというのは，わかりやすい目標だと思います。

　また，「○○商品でオンリーワン企業になる」という経営ビジョンもあります。

　オンリーワンというのは，どの企業でもやっていないことを唯一やって

いるという点では、トップに匹敵する価値があります。

　この経営ビジョンで、会社の方向が決まる、また、社員の夢が決まるといっても過言ではありません。このため、経営ビジョンはしっかり考えていただきたいと思います。

(4)　外部環境を作る ＆ (5)　内部環境を作る

　経営計画では、自社の置かれている現状も分析します。
　具体的には、自社を取り巻く外部環境と自社の内部環境をみていきます。
　外部環境と内部環境の分析手法には、SWOT分析があります（米国スタンフォード大学で考案された経営戦略のツール）。
　これは、外部環境については「機会（Opportunities）」、「脅威（Threats）」、内部環境については「強み（Strengths）」、「弱み（Weaknesses）」の観点からみるというものです。
　SWOT分析という名前は、上記4つの英語の頭文字からきています。SWOT分析を表に表すと次のようになります。

SWOT分析

	良い影響がある	悪い影響がある
外部環境	機会（Opportunities）	脅威（Threats）
内部環境	強み（Strengths）	弱み（Weaknesses）

　経営計画の作成にあたり、この手法は、企業の現状を知るうえで活用できます。
　具体的な事例をあげて説明していきます。
　まず、外部環境は、政治環境、経済環境、社会環境、技術環境、市場環境、労働環境、資金環境などについて分析していきます。

第2章 経営部門で作る「経営計画」は会社の最大の仕組み

先述のとおり外部環境は，SWOT分析の，「機会（チャンス）」と「脅威（問題）」から分析していきます。

「機会（チャンス）」は，自社にとって，外部環境がチャンスとなっていることをあげていきます。

なお，外部環境は，一般的に，1つの企業で左右できるものではありません。建設業の政治環境面でみると，住宅ローンの減税等により住宅税制が充実した場合はチャンスです。また，社会環境面では，住宅，建築のバリアフリー化が推進されていますが，高齢者用住居の推進という点でチャンスです。

さらに，市場環境面をみると，近年，高齢者，防災，環境の関心が高まっていますが，その分野での建設の発展性があることからチャンスとなります。

一方，「脅威（問題）」というのは，自社にとって，外部環境が問題となっていることをあげていきます。

同じく建設業の政治環境面でみると，公共投資が毎年削減された場合は，市場が縮小してきますので「脅威」としてあげられます。また，社会環境では，人口減少の傾向にあることから，住宅着工面からみると縮小していくため問題となります。さらに，市場環境面をみると建設需要の規模を示す建設投資額が低迷している場合は，建設需要が伸び悩んでいるために問題点となります。

次に，内部環境については，自社の持っている財務力，人材力，製品力，サービス力，営業姿勢などの点を分析していきます。

そして，この内部環境は，SWOT分析の，「強み」と「弱み」から分析していきます。

内部環境の「強み」というのは，自社にとって内部環境が他社より優れていることをあげていきます。

建設業であれば，技術力で「自社に独自の工法が開発されており，他社より低コストで建設できる」などは強みになります。

一方，内部環境の「弱み」というのは，内部環境が他社より劣っていることをあげていきます。

人材力で「人材教育がなく社員の退職率がきわめて高い」などは弱みになります。

(6) 経営目標を作る

経営目標は，経営ビジョンの実現のための具体的な目標です。

会社の将来のあるべき姿（夢）を実現するためには，単なる願望だけでは実現しません。具体的な経営目標を掲げる必要があります。経営目標には，定量的な目標と定性的な目標の2つがあります。

定量的な目標には，次のようなものがあります。

● 売上高を目標とする

売上高は，計数としては，非常にわかりやすいため，よく目標として使われます。売上高の目標により，社員は，設定した売上拡大を目指すことになります。しかし，この目標だけだと売上は上がっても利益が出ないという場合が想定されます。このため，売上を目標の数字とする場合は，利益目標の設定も望まれます。

● 営業利益を目標とする

会社は，利益を上げることが重要です。このため，会社の目標として，利益を上げることを第一にしている会社も多いと思います。利益の中でも営業利益は，営業活動で得た利益であるため売上高と同様にわかりやすい目標です。

● 総資本営業利益率（営業利益÷総資本×100%）を目標とする

総資本営業利益率は，会社の全資本でどのくらいの営業利益を上げたか

判断するもので，会社の収益性を総合的に見る点では優れています。業界の指標や過去の指標などを参考にして決定していきます。
● 売上高営業利益率（営業利益÷売上高×100%）を目標とする
　売上高に対してどれだけ営業利益を上げたかを示すもので，利益率の高さをみる点で指標として優れています。これも，総資本営業利益率同様に業界の指標や過去の指標などを参考にして決定していきます。

　定性的な目標には，次のようなものがあります。
● 自社固有の技術の開発を図る
　中小企業では，取引先企業の下請けになっている場合が多くあります。下請けの場合，親企業から決められた単価がある，度重なるコストダウン要請があるなどにより，思うような利益はなかなか上がりません。こうしたことに対応するために，自社固有の技術の開発が求められます。脱下請け化を目指すのであれば，独自の専門的な技術開発が目標となります。
● 新分野への進出
　既存市場が成熟している場合は，広く新たな事業分野に活路を見出すことも選択肢の1つです。培ってきた技術を応用するなどして，新分野進出を目標に立ててみましょう。
● 社内の仕組みの再構築
　コンピュータの導入などにより，手作業による事務を機械化したり，事務の迅速化と合理化に取り組むなどが考えられます。ただし，コンピュータの導入は，初期費用が相当必要となるため，費用対効果をしっかり検証する必要があります。
● サービスの向上
　業種にもよりますが，接客サービスであれば，接遇の向上を図るのが重要な要素となります。接客サービスの訓練や接客サービスの方法を変えるなどしてサービスを向上させ，顧客の信頼をさらに得ていきます。

ここであげた定量目標も定性目標も，経営目標としては，ごく一部です。自社の経営形態に適した目標を設定していく必要があります。

(7) 経営方針を作る

経営方針とは，経営目標を達成するために，自社の経営資源をどのように活用していくのか決めていくことです。

経営資源の定義については，さまざまな考え方がありますが，ここでは，**「人」，「物」，「金」，「情報」の枠組みで考えていきます。**

なお，中小企業基本法では，経営資源について，「設備，技術，個人の有する知識及び技能その他の事業活動に活用される資源をいう」と規定されています（中小企業基本法2条4項）。

さて，この経営資源である，人，物，金，情報について基本的なものを考えていきます。

「人」については，次のようなことを考えます。
- 組織のあり方

どのような組織体制を組んでいくのかを考えます。事業部制や機能別組織なのかいろいろな組織形態はあると思いますが，経営目標を達成するための組織を考えることが大切です。
- 人材の育成・活用

どのように人材を育成または活用していくのかを考えていきます。

「物」については，次のように考えます。
- 設備の取扱い

現在所有している設備をどのように取り扱っていくのか，また，新たな設備が必要なのかを考えていきます。

●製品（商品）の取扱い
　現在の製品（商品）をどのように取り扱っていくのか，また，今後どのような製品（商品）構成にしていくのかを考えていきます。

　「金」については，次のようなことを考えます。
●運転資金
　運転資金を含む日常の資金をどのように調達していくのかを考えていきます。
●設備資金
　設備投資にかかる資金をどのように調達していくのかを考えていきます。
●開発資金
　新製品開発や新技術開発に伴う資金をどのように調達していくのかを考えていきます。

　「情報」については，次のようなことを考えます。
●定量的な情報
　経営情報，原価情報，販売情報などの数値情報をどのように取り扱っていくのかを考えていきます。
●定性的な情報
　市場情報，顧客情報，技術情報，商品情報や人事情報など定性的な情報の管理をどのように取り扱っていくのか考えていきます。
　また，社内のシステム化をどのようにしていくのかも考えていきます。

(8)　目標利益計画 & (9)　月別目標利益計画を作る

　次に，目標利益計画を作成します。
　目標利益計画は，経営目標をもとに3か年の目標利益を作成します。
　目標利益計画には，決まった形式はありませんが，ここでは，売上高，

売上原価，売上総利益，一般管理費等（販売費含む），営業利益の損益項目で作成してご説明いたします。

なお，損益項目については，自社の現状に応じて，売上原価に内訳として，材料費，労務費，経費などの内訳を設定します。また，一般管理費等も内訳として，人件費，リース料，減価償却費などを設定しても良いでしょう。営業利益のほか，営業外損益や経常利益などの損益項目を加えたりしても良いと思います。

まず，目標利益計画の記載ですが，目標利益計画の計数は，設定した経営目標と3か年の事業展開などを予測して3か年の損益数字を決定していきます。

右側の「実績」欄には，当該年度の決算が終了後に，その実績を記載します。

そして，当初設定した計画と実績との差額について「成果と反省」欄にコメントを記載します。

基本的な項目による目標利益計画の例は，次のようになります。

目標利益計画の例

（単位：百万円）

項　目	X1年度計画	X2年度計画	X3年度計画	X1年度実績	成果と反省
売上高	1,200	1,300	1,400	1,200	売上高は計画通り達成した。一方，人件費が増えたため営業利益は計画を下回った。
売上原価	960	1,040	1,120	960	
売上総利益	240	260	280	240	
一般管理費等	180	195	210	200	
営業利益	60	65	70	40	

3か年の目標利益計画を設定したら，初年度の月別目標利益計画を作成します。これは，毎月，目標利益計画が実際に予定どおり推移しているのかを見るために作成します。

項目は，目標利益計画と同じ損益項目で月別に計画し，毎月実績を記入できるようにします。月別目標利益計画の作成は，年度単位の目標利益計画を12等分し，月次単位に割り振ります。ただし，季節変動の大きい会社については，過去の季節変動の実績を分析し作成する工夫が必要です。

月別目標利益計画の例

（単位：百万円）

項目	区分	○月	○月	○月	○月	○月	○月	○月	○月	○月	○月	○月	○月	合計
売上高	計画	100	100	100	100	100	100	100	100	100	100	100	100	1,200
	実績													
売上原価	計画	80	80	80	80	80	80	80	80	80	80	80	80	960
	実績													
売上総利益	計画	20	20	20	20	20	20	20	20	20	20	20	20	240
	実績													
一般管理費等	計画	15	15	15	15	15	15	15	15	15	15	15	15	180
	実績													
営業利益	計画	5	5	5	5	5	5	5	5	5	5	5	5	60
	実績													

(10) 主要施策を作る

主要施策は，経営目標，目標利益計画をもとに作成します。

主要施策のうち，全社に共通する施策は，共通部門として作成し，部門固有の施策は，各部門で作成します。

また、主要施策は、各部門について3か年にわたって作成します。主要施策の例は、次のようになります。

主要施策の例

部門	○年度	○年度	○年度
共通部門	・ISO9001の認証取得 　6月より取得準備開始	・ISO9001の認証審査	・ISO27001の認証取得 　4月から取得準備開始
共通部門	・改善提案活動の導入 　4月～3月まで	・改善提案活動の定着 　4月～3月まで	・QC活動の導入 　4月～3月まで
営業部門	・東京エリアの新規先拡大 　20先開拓	・茨城エリアの新規先拡大 　20先開拓	・栃木エリアの新規先拡大 　20先開拓
営業部門	・既存先の売上拡大 　1億円の増加	・既存先の売上拡大 　1億円の増加	・既存先の売上拡大 　1億円の増加

主要施策の具体的な内容について検討すべきことは次のとおりです。

① 主要施策の施策数について

主要施策の施策数は前述のフォーマットでは、各部門で2つの施策にしてありますが、原則として数は問いません。

ただし、あれもこれもと施策を広げすぎるよりは、当該年度に必ずやらなければならない重要な施策をあげていただきたいと思います。また、施策は、優先順位を付け、重要度の高い施策に的を絞り選定しましょう。

② 主要施策の選定について

主要施策の選定では次のことがポイントになります。

　i　経営目標とリンクした施策を選定すること

　　経営目標にリンクした施策を選定してください。経営目標にリンク

しなければ経営目標を達成することができないからです。部門長の勝手な判断で部門のやりたいことを選定することはしてはなりません。また，施策は，目標利益計画の計数も意識して作成しなければなりません。

ⅱ 定量化できる施策を中心にすること

施策は，その施策の効果がわかるために定量化できる施策を中心にします。ただし，定量化できない施策でも，経営目標と目標利益計画を達成するために重要であれば，施策として載せます。

ⅲ 施策が実際に行動計画として展開しやすいものにすること

施策としてあげても，施策を実際の行動計画に落とし込める必要があります。月次の行動計画として計画することができなければ進展しません。

ⅳ 経営者，部門長がよく協議して決めること

部門独自に施策を設定しても良いのですが，施策によっては，経営者や他の部門の協力が必要なものもあります。その場合は，経営者や他の部門とよく協議して設定してください。共通認識を持つことが大切です。

最後に，主要施策を作成するうえで注意すべき点を次にあげます。

●難しい施策をあげてしまわないようにする

経営目標を早く達成したいという思いから，初年度から，難しい施策を作成してしまうことがあります。

●実施しやすい施策ばかり選ばないようにする

実施しやすい施策は，達成はしやすいものとなりますが，期間が限定されている経営目標や目標利益計画を達成できません。

●施策が抽象的な表現になってしまわないようにする

施策に「努力する」などの抽象的な表現を使う場合があります。それで

は，行動計画も同様に抽象なものとなってしまいます。

⑾　行動計画を作る

　行動計画とは，主要施策で掲げた施策を具体的に行動目標に展開していくことです。行動計画は，次のように月別に1年間作成していきます。

① 　行動計画の作成方法

　ⅰ　具体的行動内容

　　主要施策で実施すると決めた内容について，具体的にどのようなことを実施していくかを決めます。

　　例えば，「5S活動の導入」という施策が掲げられていた場合には，行動計画としては，「5S委員会を立ち上げて整理，整頓，清掃まで進める」というようになります。

　ⅱ　責任者

　　責任者としては，具体的行動内容を主体となって遂行する者を記載します。

　ⅲ　計画線表

　　具体的行動内容をいつから始めていつまでに終了にするのかを計画欄に線を引いて表します。

　ⅳ　実績線表

　　具体的行動内容をいつから始めていつまでに終了したかを実績欄に線を引いて表します。

　ⅴ　成果と反省

　　具体的行動内容を実施した結果，どのような成果になったかを記載します。また，成果について問題などがなかったか検証し記載します。

② 　行動計画は，次の図表のようになります。

行動計画の例

部門	具体的行動内容	責任者	区分	○月	○月	○月	○月	○月	○月	○月	○月	○月	○月	○月	○月	成果と反省
○○部門	5S委員会を立ち上げて整理・整頓・清掃まで進める	山田太郎	計画													
			実績													

③ 作成上の注意

　i　具体的行動内容

　　主要施策に添った内容を記載します。主要施策と関係のない内容は記載しないようにしてください。また，具体的な内容を記載してください。内容が抽象的だと実施することができませんし，仮に実施しても成果に結びつきません。

　ii　責任者

　　部門長が最終責任者だからといってすべての責任者を部門長にしないでください。部門長は最終責任者ではありますが必ずしも実行責任者ではありません。ここでは，実行責任者を記載します。

　iii　線　表

　　具体的行動内容の計画線表を正確に記載します。

　　行動計画について，とりあえず年度初めから年度終了まで計画線表を引く例がありますが，目指す計画線表を引いて，効率的に計画を進めるようにしましょう。

iv 成果と反省

　期日は，当初の計画どおりの線表で実績として終了したかをみます。次に，具体的行動内容に従った成果が出たかをみます。成果が当初予定どおりでなければ，その原因を追及して，今後どのようにしていくかを記載していきます。

5　行動計画をPDCA方式の行動計画管理表で管理

　4で解説したとおり，筆者が推奨する，A4用紙1枚の経営計画書では，行動計画について**「いつからいつまで実施するか」を計画欄に線を引き，「いつからいつまでかかったか」を実績欄に線を引きます。**

　そして，行動計画を実施した結果については，年度ベースで成果と反省欄に記載します。この方式は，行動計画の作成や結果の検証が簡単にできます。ただ，行動計画の欄は，計画や実績の期間を線表で記載するので，月単位の計画内容，実行内容，実行結果の検証，計画と実行の差異対策を見ることはできません。

　そうした内容については，主に部門別会議を通じて，検討し進めていきます。しかし，規模の大きな会社で大型案件を計画していたり，重要なプロジェクトを進めている場合には，経営計画の会議の場でも行動計画の進捗状況を詳細に検証する必要があります。

　このため，A4用紙1枚の経営計画書に加え，「PDCA方式の行動計画管理表」も作成し運用します。

　PDCAとは，通常PDCAサイクルと呼ばれ，Plan（計画），Do（実行），Check（検証），Act（改善）の頭文字を取ったものです。日本の品質経営に大きな影響をもたらしたエドワーズ・デミング（W. Edwards Deming）が提唱した考え方です。

第2章 経営部門で作る「経営計画」は会社の最大の仕組み

行動計画管理表の例 （一般住宅の建築・リフォーム会社の営業部）

項目	責任者		○○	期限	○○年○月○日	指標・目標	成約件数 年間12件
	日程		4月			5月	
	指標・目標		成約件数月1件			成約件数月1件	
新規民間住宅の受注拡大	計　画		①過去の受注した顧客カルテより，新規アプローチ先をリストアップする。 ②新規先を1日5件訪問する。 ③継続交渉先を1日3件訪問する。 ④営業推進管理表を作成して，成約に向けて営業管理する。			①新規先を1日5件訪問する。 ②継続交渉先を1日3件訪問する。 ③営業推進管理表により，成約に向けての戦略を作成する。 ④現場見学会で新規先の開拓を行い見込み客を獲得する。	
	実　行		①新規アプローチ先をリストアップした。 ②新規先を1日5件訪問した。 ③継続交渉先を1日3件訪問した。 ④営業推進管理表に訪問結果を記載した。				
		目標結果	1件成約し目標数値をクリアした。				
	検　証		①予定どおり新規アプローチ先のリストアップを完了した。 ②新規先，継続先を予定どおり訪問した。なお，継続交渉先のうち1件成約した。 ③継続交渉先は，成約シナリオどおり進んでいる。				
	改　善		①営業推進管理表を基に，新規先は既存リストアップ表で活動する。 ②営業推進管理表を基に，継続交渉先で受注予定先のクロージングをする。 ③現場見学会で新規先の開拓を行う。				

（注）　指標：重要業績評価指標の略称表示，目標：目標数値の略称表示

PDCA方式のチェックリスト

Plan（計画）
- ☐ 主要施策に対応した計画か
- ☐ 計画は重要業績評価指標の目標数値と連動したものか
- ☐ 計画の難易度は適切か
- ☐ 計画を実行する体制はできているか

Do（実行）
- ☐ 実行したものは何か
- ☐ 計画外の実行はなかったか

Check（検証）
- ☐ 計画と実行の差異はどの程度か
- ☐ 重要業績評価指標の目標数値との差異はどの程度か
- ☐ 外部環境に問題はなかったか

Act（改善）
- ☐ 計画と実行の差異の改善策を作成したか
- ☐ 目標数値と結果数値の差異の改善策を作成したか

この4段階で行動計画を管理していくことにより，計画した内容を計画どおり達成させる仕組みです。

(1)　PDCA方式の行動計画管理表の内容
①　Plan（計画）
　実施施策に対して，その施策ができるための計画を作成します。
②　Do（実行）
　立てた計画を実行に移します。
③　Check（検証）
　実行した内容が計画どおりできたかを検証します。
④　Act（改善）
　検証した結果を受けて，実行した内容が計画を下回った場合，どのように改善を行っていくべきかを検討します。

(2)　PDCA方式の行動計画管理表の目的，目標を知る
①　目的を認識する
　PDCAを成功に導くには，何のために行動計画をPDCAで展開していくのかを担当者全員がしっかり認識することが大切です。
　すべては，経営ビジョンの達成のために行っているのです。PDCAのしっかりした展開が最終的には経営ビジョンの達成につながっていきます。
② 　目標を認識する
　目的を理解したら，今やるべき目標は何なのかを認識しましょう。今やるべき目標は，経営目標の達成です。この経営目標の達成のために，主要施策を設定し，行動計画を展開しています。
　そして，この行動計画を達成するために，PDCAを展開していくことになります。

③ 部門目標を個人まで浸透させる

　経営計画の施策は，原則，部門長がリーダーとなって活動します。しかし，部門の目標は当然個人の目標にもつながります。部門長のみが忙しく施策の実行のために走り回っている姿が見受けられますが，部門長は自分一人だけで抱えることなく，部下全員まで施策を落とし込み，それぞれの役割をきちんと決めて進めていきましょう。

(3)　PDCA方式の行動計画管理表の進め方

① P（計画）の進め方

　経営計画に基づいた行動計画上の施策を達成するため，行動計画管理表は施策の内容に即したものであることが必要です。また，プロセス管理の基準となる月次の重要業績評価指標と目標数値に連動したものでなければなりません。

② D（実行）の進め方

　当初，計画したことをどれだけ実行したかが重要な点になります。いろいろな事情で，当初の計画が途中までしか実行できなかったり，全く実行できなかったりする場合があります。ここは，全員で計画どおり実行することが大切になります。

　本当に計画したことを実行したか，計画とは異なるものを実行しなかったか確認する必要があるということです。計画内容と合わないものを実行しても予定した効果は出ません。

③ C（検証）の進め方

　計画を実行したことにより，月次の重要業績評価指標の目標数値を達成したか，計画した内容と実行した内容に差異があったかどうかを検証します。

④ A（改善）の進め方

　計画した内容と実行した内容に差異があったり，計画どおり実行したに

もかかわらず重要業績評価指標の目標数値に届かなかったりする場合があります。その場合の差異を検討します。

差異を検討した結果，その原因が判明した場合は改善策を検討して，次月の計画で取り入れます。

⑷　PDCA方式の行動計画管理表で発生する問題点と対応

PDCA方式を用いるうえで考えられる問題点とその対応について整理すると，次のとおりです。

① 　P（計画）における問題

 i 　計画が書けない

施策を達成するためにどのような行動計画を作成したらよいかわからないので計画が書けないということがあります。計画が書けなければ，施策は進みません。どのような計画が施策達成につながるか担当部門は真剣に考える必要があります。

 ii 　施策・重要業績評価指標と目標数値が連動していない

施策や重要業績評価指標と目標数値が連動していない全くピントはずれな計画を作成している会社があります。計画内容が施策やプロセス管理となる重要業績評価指標と目標数値が連動していなければ，当然結果は出ません。

 iii 　低いレベルの計画

施策や重要業績評価指標の目標数値の内容に連動しているものの，その計画を実行しても施策や重要業績評価指標の目標数値を達成できない計画を作成していては，施策は達成できません。

 iv 　高いレベルの計画

施策や重要業績評価指標の目標数値の内容に連動しているものの，たとえその計画を実行しても，到底実現できない計画を作成している場合があります。これでは絵に描いた餅になります。自社のレベルに

あった計画を作成していきましょう。
② D（実行）における問題
　i　実行内容を書いていない
　　行動計画管理表に「実行した」としか書いていないことがあります。これではどのように実行したかがわからず，結果に問題があっても検証できません。やはり具体的に，実行した内容を書いていくことが大切です。
　ii　計画を実行しない
　　日々の業務が中心になってしまい，計画したことを実行しない場合があります。日々の業務はもちろん大事なことですが，計画したことを実行しなければ，経営計画は進みません。計画したことは必ず実行するという強い意志が必要となります。
　iii　計画外の実行
　　実施施策には関係があっても，当初計画したこととは違うことを担当者の判断で実施してしまうことがあります。これでは，重要業績評価指標の目標数値を達成することはできません。計画したことはそのとおり実行していきましょう。
③ C（検証）における問題点
　i　検証内容を書いていない
　　計画を実行しなかった場合にこうしたことになります。これでは，会社の姿勢が問われます。まず，計画は，必ず実行しましょう。
　ii　予定外の結果はないか
　　計画したことを実行したものの，全く予定外の結果になる場合があります。計画に問題があるのか実行方法に問題があるのか検証しましょう。
　iii　外部環境に変化はないか
　　計画どおり実施しても，結果が出ない場合に，外部環境の変化が影

響していることがあります。外部環境が変化していないかは，常に気を付けている必要があります。

④ A（改善）における問題点
　i　改善策を書いていない
　　計画と実行の差が出ていたり，目標数値を下回っていたりしても改善策を書いていないことがあります。差異が出るということは問題があるということです。問題を検討していきましょう。
　ii　改善策が浮かばない
　　改善策は，簡単には出てきません。部門の中での会議などを通じてしっかり考えてみましょう。
　iii　外部環境に変化はないか
　　改善策を実施するに際し，外部環境が変化している場合があります。外部環境に対応した改善策を作成しましょう。

6　重要業績評価指標（KPI）の設定

　重要業績評価指標は，Key Performance Indicatorといい，目標を達成するための業績評価の指標です。
　これは，目標に向かってプロセスが順調に進んでいるかどうかを検証する重要な指標で，この指標をもとに目標数値を設定します。
　PDCA方式の行動計画管理表において，結果がKPIを基に設定した目標数値に達していない場合には，計画した行動に問題があることを意味していますので計画を再検討する必要があります。

(1)　重要業績評価指標と目標数値の設定方法

　それでは，具体的な重要業績評価指標の設定方法を見ていきましょう。

① 担当者を決める

まず,重要業績評価指標と目標数値について誰が責任を持つかを決めます。担当となった者は,常に重要業績評価指標と目標数値を意識して行動するようにします。

原則として,行動計画の担当者が重要業績評価指標と目標数値の担当者になります。

② 期限を決める

設定した重要業績評価指標と目標数値をいつまでに達成するのか期限を決めます。例えば,「住宅の契約件数10件を9月までに獲得する」というようにします。目標数値の達成は,経営計画で設定した施策の達成につながります。

③ 重要業績評価指標と目標数値を決める

i 目標達成までの重要業績評価指標と目標数値

施策の達成度合いを測る重要業績評価指標と目標数値を設定します。

なお,重要業績評価指標の目標数値は,原則として定量数値を設定し,部門の特性などにより計測のできる数値がない場合に定性目標を設定します。

また,目標数値は,施策達成につながる数値を設定しましょう。

ii 月次の重要業績評価指標と目標数値

目標達成までの重要業績評価指標と目標数値とは別に月次単位でも重要業績評価指標と目標数値を設定します。

これは,経営計画における行動計画の展開を月次単位で行いますので,重要業績評価指標と目標数値も月次単位で設定します。これにより,きめ細かなプロセス管理ができます。

(2) 重要業績評価指標と目標数値の見直し

次の場合には，重要業績評価指標と目標数値の見直しを行います。

① 重要業績評価指標の目標数値を達成しても施策が達成できない

重要業績評価指標の目標数値を達成したのにもかかわらず，経営計画の施策が達成できない場合があります。この場合は設定した重要業績評価指標と目標数値でなぜ施策を達成できないのかの原因を探り，重要業績評価指標と目標数値の見直しを検討します。

② 1つの重要業績評価指標と目標数値では対応できない

原則として，1つの重要業績評価指標と目標数値を設定して管理しますが，それだけでは，施策の目標を達成できない場合に複数の重要業績評価指標と目標数値を設定します。

ただし，あまり設定数が多いと重要業績評価指標と目標数値と施策の関係が不明確になったり管理が複雑になったりしますので注意しましょう。

(3) 重要業績評価指標と目標数値の注意点

① 計測できること

重要業績評価指標の目標数値は，原則として，計測できるものを設定する必要があります。そうしないと，本当に進捗しているのかが見えなくなります。

② 理解し納得していること

重要業績評価指標と目標数値は，担当者がその意味を理解していることが大切です。また，理解したあと，その指標と目標数値がふさわしいということを納得していることが大切です。担当者が納得していなければ，進めていくことはできません。

③ わかりやすい指標と目標数値

誰もがわかる指標と目標数値を設定すると行動がとりやすくなります。わかりにくいものは，結局達成しにくいものとなります。

7　経営計画の主要施策に「仕組み」を組み込む

　経営計画を作成するとき，経営目標を達成するために主要施策を策定します。その際に，次の仕組みをまだ自社で組み込んでいない場合は会社の土台となるものですので主要施策に組み込みましょう。

(1)　全部門共通（第3章で詳解）
①　5Sの仕組み
　5Sは，職場の環境整備活動で，すべての職場における仕事の基本であり，会社の基盤となります。
②　改善提案制度の仕組み
　仕事を効率的に進めていくためには，改善提案活動は重要となります。改善提案活動を続けていくことで，仕事が進歩していきます。
③　経営会議の仕組み
　社長，役員，部長による会議を開催し，経営計画の作成進捗管理や経営の重要な案件などを決定していきます。

(2)　営業部門（第4章で詳解）
①　営業日報の仕組み
　毎日の営業活動を記載するもので，各人が営業の目標達成に向かっているかを検証します。
②　顧客台帳の仕組み
　取引先情報，取引先評価，訪問交渉記録を記載するもので，これにより，取引先の状況を把握します。
③　顧客アプローチリストの仕組み
　営業全体が取り組んでいる相手先について，取組状況を一元管理するもので，この表で契約の推進状況の進捗管理を行います。

④　提案書の仕組み

　取引先からいただいた課題に対して，課題解決のための方法を書面で作成し，この提案書で契約獲得を進めます。

(3)　**製造・建設部門**（第5章で詳解）

① 　作業手順書の仕組み

　作業方法を記載したもので，この手順書により，担当者は作業を進めていくものです。これにより，各人がバラバラに作業することを防止するとともに作業の効率化を図ります。

② 　外注管理の仕組み

　外注について，内外作の検討，外注先の選定，価格決定，納期，品質などを管理していきます。

③ 　購入管理の仕組み

　資材等の購入先について，購入方法，購入先の選定，価格決定，納期，品質，在庫などを管理していきます。

④ 　品質向上委員会の仕組み

　品質向上委員会を開催して，全社ベースで品質向上を推進していきます。

(4)　**総務部門**（第6章で詳解）

① 　賃金体系の仕組み

　社員の賃金の体系を構築するもので，社員の貢献度合いにより，賃金が昇給，昇格するなどの仕組みを作ります。

② 　人事考課の仕組み

　社員の評価をするシステムで，毎年，人事評価を行い，その結果を昇給，昇格，賞与に反映させます。

③ 　目標管理の仕組み

　経営計画に基づき，各人が仕事の中で目標を設定し，その進捗度合いを

管理していきます。

④　社員教育（OJT）の仕組み

社員のスキルアップを進めるもので，教育を受ける者の力量を把握して，教育担当者が教育していきます。

(5)　経理部門（第7章で詳解）

①　予算管理の仕組み

経営計画の目標利益計画を基本として，月別に予算管理表を作成し，毎月計画と実績を管理し検証するとともに実績が計画を下回った場合は差額対策を講じます。

②　実行予算管理の仕組み

建設等の工事について，1工事ごとの予算と実績を収支管理していくものです。毎月工事の進捗に応じて，予算どおりの支払いになっているかを検証するとともに支払いが予算を上回った場合は差額対策を講じます。

③　資金繰り管理の仕組み

会社の資金状態を管理するもので，3か月から6か月先の資金の収支管理を行い資金ショートを防止します。

④　決算書分析の仕組み

決算書のなかみをきちんと分析して，その結果を経営に活かしていきます。

8　進捗管理の重要性

経営計画を作成することにより，目指す経営のゴールが明らかになり，計画に従ってまい進することができます。

しかし，経営計画は，作成しただけではゴールにたどりつけません。作成した経営計画は実行していかなければなりません。

漫然と経営計画を実行していくだけでは，行動計画の中で遅れが出てきたり，障害が発生して行動計画がストップしたりします。

こうしたことを解消するために**経営計画の進捗管理**が行われます。経営計画が予定どおり進んでいるかをこの進捗管理で常時検証していきます。

それでは，この進捗管理の役割を具体的にみていきます。

第1は，経営計画の推進を後押しすることです。

経営計画を一生懸命に作成しても，作成しただけで満足してしまい，机の中にしまっているケースがあります。

せっかく，経営計画を作成したのだから実行していかなくては意味がありません。進捗会議で社長を先頭に経営計画の推進を後押しします。

第2は，問題解決の場とすることです。

経営計画を推進するうえで行動計画が進まなかったり，問題が発生したりした場合に，進捗会議の場でその原因を追及し，解決策を検討していきます。また，行動計画が外部要因などにより，取りやめになる場合もこの場で判断していきます。

第3は，計画と実績の差異の検証です。

月別目標利益計画や行動計画で，計画したことと実績に差があるのかどうかを検証します。もし，計画どおりに行かなかった場合は，その部分について改善策を検討して，次月以降に実行するようにしていきます。

第4は，経営計画の修正です。

外部環境や内部環境が著しく変化して，当初作成した経営計画が現状に合わなくなる場合があります。現状に合わないまま経営計画を進めても経営目標の達成はできませんので，この進捗会議で経営計画の修正を検討し

ていきます。

　第5は，コミュニケーションです。
　経営計画は，各部門が協力して推進していくものです。進捗会議を通じて，部門間のコミュニケーションをはかり協力体制を構築していきます。そして，全体施策や部門施策に問題が発生した場合は，進捗会議で意見を交換して，改善策を実施していきます。

9　進捗管理の進め方

　上記で進捗会議のお話をしましたが，進捗会議はどのようなものがベストでしょうか。筆者は次のようなものがよいと考えます。

(1)　会議の出席者
　社長，役員，部門長，その他必要に応じて施策の責任者となります。

(2)　開催日
　月初めの所定日とします。

(3)　開催内容
① 外部環境，内部環境の説明
　社長は，自社を取り巻く外部環境が現在どのように変化しているかを説明していきます。また，自社の内部環境として，人，物，金，情報の状況について説明します。
② 前月までの計数を報告
　計数担当部門は，月次の目標利益計画の実績と月次の予算管理表（作成している場合）の実績について報告します。併せて，計画と実績の差異対

策も報告します。

③　行動計画の実績報告

各部門長は，主要施策に基づいた月次の行動計画の実績と月次の行動計画管理表（作成している場合）の計画，実行，検証，改善の状況について報告をします。また，計画と実行の差異に対して改善策が有効に機能しているかもこの会議で検証します。

④　目標利益計画と行動計画の評価と指導

経営者は，目標利益計画の実績と行動計画の実績について，評価します。さらに，目標利益計画の内容について，今後の方向を指導します。行動計画の内容についても，今後の方向を指導します。

⑤　問題点の提起

各部門長は，経営計画を推進しているうえでの問題点を報告します。部門長から上げられた問題点を全員で検討し，改善案を出していきます。

⑥　経営計画の総括

年度終了月には，経営計画の年度総括をします。計数担当部門は，目標利益計画について，成果と反省を総括します。また，各部門長は，行動計画について，成果と反省を総括します。最後に，社長は，全体の総括として，成果と反省について総括します。

⑦　次年度の年度経営計画を作成

年度終了月に，新たな次年度の経営計画書を検討します。具体的には，次のようになります。

- 外部環境，内部環境を見直しして作成
- 経営方針を作成
- 目標利益計画に基づき月別目標利益計画を作成
- 主要施策に基づき月別行動計画を作成
- 予算管理表，行動計画管理表を作成（作成している場合）

10　経営計画作成による社内のメリット

経営計画を作成することで、社内に次のような効果があります。

(1) 社員のやる気があがる

従来のように、今年度の売上目標だけ明示されてその売上を達成しても、将来自分たちがどういう位置づけになるのかわからないとやる気に結びつきません。

経営計画により、3年後あるいは5年後に会社はこうなりたいというきちんとしたビジョンが明示されることにより、ビジョンがはっきりし、社員は、そのビジョンを達成しようとする意欲が出てきます。

(2) 会社の目指す先が明確になる

経営計画により、経営ビジョンが明示されます。

それにより、経営目標も定められますので、会社の目指す先がはっきりします。社員にとっては、行き先が明確なので迷うことなく進んでいくことができます。

(3) 効率的な経営ができる

経営計画に基づき事業活動していくことで、ムダな行動がなくなります。3年後あるいは5年後の全体の目標が設定され、その目標に基づき各部門が部門目標を設定し活動していきますので部門間の行動が統一され、それぞれが違った方向にいくことがなくなります。

(4) 自社の外部環境が明確になる

業界の動向は、関連した新聞などで理解していることはあっても、外部環境を分析する機会はなかなかないかもしれません。

経営計画を作成することで，自社の置かれている経済環境，競争環境，市場環境，労働環境，業界環境などを分析して自社の外部環境がどのように変化しているかを掴むことができます。

(5) 自社の力を知ることができる

経営計画の中で，自社の強みと弱みを分析します。

このため，自社の強みと弱みがわかり，例えば商品で言えばどの製品やサービスが業界において強いのかが明確になります。また，逆にどの製品やサービスが弱いのかもわかります。また，財務面や労働面などからも自社の強みや弱みを理解することができます。

中小企業では，なかなか自社の強みや弱みをしっかり理解している経営者はいません。

経営者に強みをお聴きすると「真面目に仕事をしています」「納期がきちんとしています」という回答が返ってくることがあります。本当にこれで良いのでしょうか。自社の強みや弱みに真剣に取り組む必要があると思います。自社の強みや弱みを理解してこそ競争で戦えるのではないかと思います。

(6) 金融機関の評価の向上が期待できる

中小企業白書（2016年版）では，金融機関が担保・保証以外に評価している項目に「経営計画の有無と内容」が記載されています。

このため，経営ビジョンを掲げて経営目標や目標達成のための施策・計数をきちんと記載した経営計画を作成していくことは金融機関の評価向上につながるものと思われます。

11　経営計画作成による金融機関から得られるメリット

経営計画の作成は，社内における効果以外に，金融機関から得られるメリットもあります。

(1)　会社の将来を見てもらえる

経営計画がない会社の場合，会社がどのような方向に向かっているのかわかりません。経営計画があると金融機関では，経営計画をみることにより取引先である会社がどのような将来像を描いているかを知ることができます。

(2)　会社へのアドバイスや支援が受けやすくなる

経営計画があることにより，会社のビジョンや行動計画が明確になると，金融機関も共通認識を持ってそのビジョンに向けて応援することができます。

具体的には，会社の経営計画に問題が発生した場合，金融機関として問題点の解消に向けてアドバイスできます。また，経営計画の進捗状況をあわせて検証し，改善のアドバイスをすることができます。

(3)　資金面での支援が受けやすくなる

経営計画のない会社の場合は，その会社がどの方向に行こうとしているのかが明確にわかりません。

このため，どうしても会社は成り行き的な管理になります。そうすると収入と支出の管理も成り行きとなり，突然資金がショートする可能性もでてきます。経営計画によりあらかじめ目的が明確になっている資金用途であれば資金支援はしやすいものとなりますが，突然の資金ショートには，金融機関も対応できないケースが発生します。経営計画で資金管理を明確

にすることで，金融機関の支援が受けやすくなります。

(4) 会社の計画している内容と進捗状況を把握してもらえる

会社がどのような設備投資や実施計画を予定しているのか経営計画により，把握することができます。

そして，経営計画の進捗を継続的に確認することにより，経営計画で予定していることが予定どおりに進んでいるのかを検証することができます。また，設備資金等で融資した設備が有効に稼働しているかも確認できます。さらに，月次の予算実績管理により，融資金の返済計画が予定どおり進むかどうかも確認することができます。

(5) 債務者区分の引き上げにつながる

経営計画により，会社の経営ビジョンと経営目標が明確になり，経営目標が達成され，業績が向上していけば，金融機関の評価が向上していきます。その結果は，債務者区分の引き上げにつながっていきます。

12 経営計画を作成していない会社

中小企業の多くは，売上目標や次のような損益を中心とした数値計画を毎年作成しています。

(1) 数値計画の内容
① 通常の数値計画

数値計画の基本構成は，損益計画書を基本として，売上，売上原価，売上総利益，販売費及び一般管理費，営業利益となっています。

② 金融機関から借入がある場合の詳細な数値計画

金融機関に提出した数値計画を見ると損益計算書を基に，将来5年間あ

詳細な数値計画の例

(単位:千円)

項目			第○期(実績)	第○期(計画)	第○期(計画)
1. 売上高			100,000	×××	×××
2. 売上原価			80,000	×××	×××
	材料費		30,000	×××	×××
	労務費		40,000	×××	×××
	経費	経費(除く減価償却費)	9,000	×××	×××
		減価償却費①	1,000	×××	×××
3. 売上総利益			20,000	×××	×××
4. 販売費及び一般管理費			15,000	×××	×××
	人件費		5,000	×××	×××
	その他経費		9,000	×××	×××
	減価償却費②		1,000	×××	×××
5. 営業利益			5,000	×××	×××
6. 営業外損益(支払利息等)			1,000	×××	×××
7. 経常利益			4,000	×××	×××
8. 特別損益			0	×××	×××
9. 税引前当期純利益			4,000	×××	×××
10. 法人税等			1,600	×××	×××
11. 当期純利益③			2,400	×××	×××
減価償却費(①+②)=④			2,000	×××	×××
返済源資(③+④)=⑤			4,400	×××	×××
返済額⑥			1,000	×××	×××
差額(⑤-⑥)			3,400	×××	×××

るいは10年間の推移を予測した数値で作成したものです。

　その構成は，売上，売上原価（内訳含む），売上総利益，販売費及び一般管理費（内訳含む），営業利益，営業外損益，経常利益，特別損益，税引前当期純利益，法人税等，当期純利益の構成となっています。また，借入金の返済も考慮するため，返済源資（当期純利益＋減価償却費）と返済額も加えて作成しています。

　中小企業によっては，こうした数値計画を経営計画と呼んでいる場合もありますが，これは経営計画とはいえず，単なる数値の目標計画です。

(2) 経営計画が数値計画になってしまう理由

　中小企業では，社長が売上目標の設定や資金繰り表の作成など普段から数値中心の経営をしているため，損益を中心とした数値計画は作成が容易だという点があります。

　また，数値計画中心の経営計画だと社長だけで作成でき，時間もかからず速やかに作成することができることから，数値計画だけを作成することになりがちです。

(3) 数値計画中心の経営計画のデメリット

　数値計画中心の経営計画には，次のようなデメリットがあります。

① 数値の根拠がわからない

　経営計画は長期にわたり作成することになりますが，売上や費用は将来の需要予測を加味していくと必ずしも毎年一定ではありません。こうした変化を数値だけで作成すると，数値の根拠がわからず，それを基に社内で経営計画として推進しても社員の理解が得られません。

　また，債務超過がある会社の場合，早く正常な会社にしたいために無理な利益を計上して数値計画を作成していることがあります。しかし，取引金融機関から内容を聴かれても答えられず，結局，数値計画の見直しをし

ています。

② 目標を達成する方法がわからない

　経営計画を数値計画だけで作成した場合に，作成した数値計画を達成するために，何をどのようにしていくのかが具体的にわかりません。

　数値計画を上げるための具体的な施策と行動計画が必要になります。経営者の中には目標となる数値計画を作成して，現場には「その数値を目指し頑張れ」といって叱咤激励しているケースをみかけます。

　これでは，現場は何をもって数値計画を達成するのかわからないのでやりようがありません。当然，数値計画は，絵に描いた餅になってしまい，数値計画は未達になってしまいます。

13　経営計画を作成していない会社の社長へ

Q1 計画どおりに経営は進まないので経営計画を作成しても意味がないように思いますが？

⇒ 経営計画は，計画どおりにいかなかったときの原因を調べるためにあります！

社長

「経営計画を作成しても，環境の変化や取引先の都合もあるので計画どおりにはいきません。だから，経営計画は意味がありません」

宮内

「計画は，予測ではなく，目標です。目標どおりいかなければその原因を調べ軌道修正すれば良いのです。計画がなくて漫然と経営を続けていると，業績が下降していても普段はわからず，決算期になって業績の悪化を認識します。それでは，手遅れです」

Check! 社長から一番よく聞かれる質問がこれです。しかし，計画を作成しないで経営にあたるのは，目的地をもたないで進む船のようなものです。

Q2 数値目標があれば手間がかかる経営計画書を作成する必要はないのでは？

⇒ 数値目標だけでは，社員は具体的にどのように行動したらよいかわかりません！

社長

「当社の規模では経営計画書まで作る必要はないです。売上目標だけで十分です。簡単でわかりやすいですから」

宮内

「売上目標や利益目標のような数値計画は簡単に作れます。しかし，そうした数値目標だけですと，社員は具体的に数値目標をどのように達成していくのか，また，どのように行動していけばよいのかわかりません。その結果，思うような成果がなかなかでません」

Check! 計画は作りさえすればなんでも良いわけではありません。数値目標を掲げることも重要ですが，目標を達成する方法を提示することも重要です。

Q3 計画作りよりも目先の仕事が優先では？

⇒ **経営計画は会社の将来のビジョンを示すものです。**
会社の将来が見えなければ，社員の働く意欲につながりません。

社長
「経営計画を作る暇があったら，仕事をしていたほうが生産的です」

宮内
「もちろん，今目の前の仕事は大切です。しかし，目先の仕事だけを見ていますと社員には将来のビジョンが見えません。そうなると，会社がどうなっていくのか社員は不安になります。さらには，会社の目指す将来がわからないので，社員にとって働く意欲につながりません」

Check! 今の仕事は将来を保証するものではありません。このため，先を見た仕事を常に考えていく必要があります。

Q4 計画作りに時間がかかり，負担が大きくて大変なのですが……。

⇒ 本書でお勧めする 「A4用紙1枚で作成する経営計画書」 をぜひ実践してください！

社長

「当社のように小さい会社では，経営計画書を作る作業は大変です」

宮内

「これまで経営計画書を作成していない会社が新たに作成する場合，作成の負担があります。しかし，作成方法によっては，大きな負担にはなりません。A4用紙1枚で作成する経営計画書をお勧めします。この方法ですと，11のテーマに添って記載していくだけで完成します。また，A4用紙1枚の経営計画書なので，全体を俯瞰でき，一覧性があります」

Check! 自社の現状に合った計画書を選択していくことが大切です。難しく作る必要はありません。

第3章

全部門共通で作る「5S」「改善提案制度」「経営会議」の仕組み

　全部門共通で作る仕組みは，5S，改善提案制度，経営会議の3つがあります。
　5Sは，優良な会社には必ず入っている仕組みです。5Sを進めていくことは，会社の質と社員の質を上げることになります。5Sの仕組みがあることにより，しっかりとした会社の基盤ができてきます。
　改善提案制度は，社員から仕事についての創意工夫について提案してもらう仕組みです。この制度により，仕事を効率的に進めることができます。また，仕事上の問題点も解決することができます。
　経営会議は，会社の課題について社員も参加することにより，会社全体で当たるようにする仕組みです。中小企業では社長だけで会社の舵取りをしていることが多く会議があまりありません。これでは，社員は指示待ちになってしまいます。経営会議により会社としての力が結集されて課題解決が早まります。

第1節　5Sの仕組み

1　5Sとは

5Sは，整理（SEIRI），整頓（SEITON），清掃（SEISOU），清潔（SEIKETSU），躾（SHITSUKE）という5つの言葉のローマ字からきています。

この5Sの各定義は，次のようになります。

整理：「要るものと要らないものを分けて，要らないものを捨てること」です。**ポイントは，「捨てる」**ことです。

整頓：「ものの置き場を決め，使ったものを必ず所定の場所に戻すこと」です。**ポイントは，「戻せる」**ことです。

清掃：「汚れた場所を掃除し，きれいにすること」です。**ポイントは，「きれいにする」**ことです。

清潔：「整理，整頓，清掃により，きれいな状態を維持すること」です。**ポイントは，「維持する」**ことです。

躾　：「職場のルールを守ること」です。**ポイントは，「守る」**ことです。

2　5Sの効果

5Sを取り入れることによる効果は，次のようになります。

(1)　1次効果

①　在庫の削減

不要な在庫や資材の処分により，スペースを確保します。

② 段取時間の削減

標準時間設定により，段取時間を削減し作業を効率化します。

③ 機械の汚れ防止

清掃により，機械の汚れによる不良品発生を防止します。

④ 機械の故障防止

機械の点検整備により，故障を防止します。

⑤ コストの削減

チョコ停（注）防止，不良品の減少などで，製造原価を削減します。

（注） 生産設備が何らかのトラブルにより，停止や空転等の短時間の停止が何度も繰り返し発生している状態

⑥ 納期の厳守

時間管理が徹底され，納期を守るようになります。

⑦ コミュニケーション不足の解消

ルールの徹底で連絡ミスがなくなります。

⑧ 安全の確保

不要品などの放置や機械故障が減り，労働災害を防止します。

(2) 5Sの2次効果

① 責任感の向上

5Sを進めていくと社員はそれぞれ役割を担い実施していくことにより，責任感が出てきます。そして，自分の担当エリアの整理，整頓，清掃を通じて働きやすい職場にしようと心がけます。さらには，きれいになった職場にプライドを持つようになります。

② 組織推進力の向上

5Sは，全員の活動です。1人でも5Sに参加しなければ，そこだけ活動が止まります。このため，全員が協力せざるを得なくなります。こうして，全員参加型が進み組織で推進する力がつきます。

③　改善力の向上

　5Sは改善の原点です。5Sを進めていくと職場のムダ，ムラ，ムリが減少していきます。5Sにより，どんどん職場の改善を進めていきましょう。

(3)　5Sの3次効果

　財務内容の改善がみられます。
　「整理」では，適正在庫が進み在庫効率が向上します。
　「整頓」では，工具などを探す手間をなくし，生産性が向上し製造コストが削減します。
　「清掃」では，機械の故障が減り生産速度が上がり製造コストが削減します。
　「清潔」では，作業の標準化が進み時間管理が徹底し，人件費が削減されます。
　「躾」では，ルールの徹底で連絡ミスがなくなり，再作業がなくなり，材料費や人件費が削減されます。

3　5Sの組織作り

　5Sの活動を行っていくための組織として，まず5S委員会を設置します。5S委員会のすべきことは，5Sの推進計画の作成，5Sの教育，5Sを進めるための道具作り，5S推進のための部門の役割分担の決定，5Sの規程作り，5Sの進捗管理です。

(1)　委員会の設置

　5S委員会は，次の図のように設置します。

5S委員会

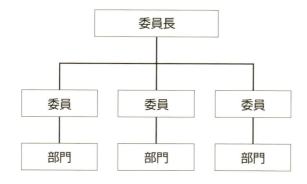

① 委員長の選出

委員長は原則社長がなります。トップ主導型のほうが速やかに進むからです。企業の規模などにより，どうしても社長が担当できない場合は，社長に次ぐ者を任命します。

② 委員の選出

委員は各部門より選出します。特に，部門長にこだわる必要はありませんが，5Sを推進していく力のある社員を選出します。

あるコンサルティングの失敗例ですが，推進力のない社員を教育のためといって選出して5Sを進めたことがありました。結局，本人にやる気がなく5Sが停滞する原因になってしまいました。

③ 5S委員会の開催

5S委員会は，次のように開催することをお勧めします。

◆開催の頻度と時間

5S委員会は，月2回開催します。また，**勤務時間中に行うため，1回当たり1時間以内に収まるようにします。**

◆委員会の構成

委員会は，委員長と委員から構成します。また，委員長は，委員の中から書記を任命し，委員会開催の都度，委員会の議事録をとるようにします。

◆議事録

議事録は，メンバー全員に回覧するとともに誰でも閲覧できるようにします。議事録をとるのは，次の意義があるからです。

　i　**現在までの進捗管理と問題の確認**
　　どこまで進んでいるのか，どこに問題があるのかを確認できます。
　ii　**委員の意識統一**
　　議事録により，委員間の認識の違いが生じなくなります。
　iii　**5Sの進捗段階がわかる**
　　活動履歴が残るので，現在の進捗段階がわかります。

(2)　推進ブロックの決定

5Sを推進するために5Sの推進ブロックを決定します。

① 　推進ブロックの決め方

各部門が使用しているブロックは，それぞれの部門で担当します。また，通路や階段のような共用部分は，5S委員会で協議して各部門に振り分けます。

② 　推進ブロックの割当
　i　共用部門はよく協議して決めます。
　ii　ブロックの割当は，原則として人数割りで担当するのではなく，使用している部門ごとに担当します。
　iii　ブロックの細分化は，1ブロック5人から10人程度とします。

ブロック図の例

廊下（共用部分で総務部担当）		
営業部	技術部	総務部
製造部		

③ カメラ撮影

5Sの活動前に5Sブロックについてカメラ撮影します。この時，撮影位置，方向を決めて撮影します。

撮影した写真は，社内掲示板に掲示し全員に見せます。また，次に撮影した時は，比較できるようにして改善の違いがわかるようにします。

(3) 5S推進計画書の作成

5Sをきちんと進めていくために，5S推進計画書を作成します。

5Sは，基本的なプログラムを作成しこれに基づいて進めていくことにより，成果につながります。しっかりした計画書を作成して5Sを進めていきましょう。

5Sの推進計画書の例

	1月	2月	3月	4月	5月	6月
	準備	整理推進	整頓推進	清掃推進	清潔推進	躾推進
委員会開催	○	○	○	○	○	○
5S教育	○					
5S道具作り	○	○				
定点撮影	○		○		○	
5Sマニュアル作成				○	○	○
5Sパトロール					○	○
5Sコンクール						○

5Sは，次のサイクルで繰り返し実施していきます。

5Sの実施サイクル

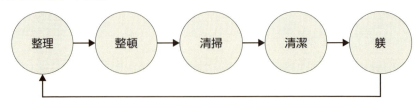

(4) 5Sマニュアル作成

5S活動を継続的に進めていくために、5Sマニュアルを作成します。マニュアルでは、特に、整理、整頓、清掃、清潔、躾の手順書を作成します。この手順書により5Sの進め方を統一していきます。

5Sのマニュアルの構成例

1．5Sの目的
2．5Sの定義
3．5S委員会
4．5Sのブロック区分
5．5Sの啓蒙
6．5Sパトロール
7．5Sコンクール
8．5S手順書
　　　　：

(5) 5Sパトロール

5S委員が5Sブロックをパトロールして点検します。パトロールの時に5Sチェックリストを使用して評価していきますので、そのチェックリストにより、改善をしていきます。

① 5Sパトロールの手順
　i　事前に5Sチェックリストを作成します。
　ii　各ブロックごとに5Sチェックリストで採点します。
　iii　5Sチェックリストの結果を各ブロックの責任者に報告します。
　iv　各ブロックの責任者は，5Sチェックリストの結果をもとに点数の低い箇所を改善していきます。
② 5Sチェックリストの作り方
　5Sチェックリストは，次のように作成します。
　i　事務部門と現場部門とに分けて作成します。
　ii　整理，整頓，清掃，清潔，躾のそれぞれについてチェック項目を作成します。
　iii　チェック項目は，会社が目指している水準をもとに作成します。
　iv　チェック項目の評価は，5段階または3段階で評価します。

5Sのチェック例

分類	番号	点検項目	良い	普通	悪い
整理	1	不要な手袋が置かれていないか			
	2	不要な工具，計測器が置かれていないか			
	3	不要な治具が置かれていないか			
	4	不要な製品，原材料はないか			
	5	不要な備品が置かれていないか			
整頓	6	通路，置き場の区画線が線引きされているか			
	7	手袋が所定の場所に置かれているか			
	8	工具，計測器が所定の場所に置かれているか			
	9	治具が所定の場所に置かれているか			
	10	製品が所定の場所に置かれているか			

良い：3点，普通：1点，悪い：0点

(6) 5Sコンクール

5S活動の継続促進のために5Sコンクールを定期的に開催します。

① 5Sコンクールの目的
　ⅰ　日常の5S活動を評価します。
　ⅱ　社員のやる気を出させます。
　ⅲ　全体のレベルアップを図ります。
② 5Sコンクールの方法
　ⅰ　5S委員会が審査します。
　ⅱ　上位のグループを表彰します。
③ 5Sの発表会

5Sの改善効果を共有するために5Sコンクールにおいて，改善の発表を行います。

④ 5Sの是正処置

5Sコンクールの審査で指摘されたことは，ただちに対象の所管部門で改善します。

4　5Sの進め方

ここからは，具体的な5Sの進め方をみていきます。

「整理」の進め方

(1) 基本的な考え方

整理とは，「要るものと要らないものを分けて，要らないものを捨てること」です。

(2) 整理の目的

整理の目的は，ムダの排除です。そのために，「不要品」の排除活動をしていきます。整理ができていないといたるところで，要らないものが処分されず放置され，それにより次のようなことが発生します。
① 必要なものが見つからず作業時間がかかってしまいます。
② 要らないものに場所を占有され，作業がやりにくくなります。
③ 要らないものをとってあるために保管コストがかかってしまいます。

(3) 整理の手順とポイント
① 整理のルールを明確にする。

整理のルールとなるのが，「要るものと要らないものとの判定ガイド」です。これを明確化し，マニュアルにまとめることで，要・不要の判定ができ，不要品を摘出・排除できるようになります。
② 不要品の判定基準を設定する。

過去の使用実績による基準と将来の予測に基づく基準で判定します。
③ 不要品判定管理表を作成する。

不要品判定は，5S委員会で各部門，対象区域の対象物ごとに作成し，

不要品抽出の管理表として作成します。

不要品判定管理表の例

対象物（細区分）		不要品期間	不要品判定者	確認者	不要品一覧表記載
原材料	主原料	6か月	主任	課長	○
	補助材料	6か月	主任	課長	○
	端材	6か月	主任	課長	
仕掛品		6か月	主任	課長	○
半製品		6か月	課長	部長	○
製品		6か月	課長	部長	○
治具工具		6か月	課長	部長	○
金型		6か月	課長	部長	○

④ 手持ち管理表を作成する。

　手持ち管理表は，治工具，金型，測定具，運搬具などを対象に，手元に保有する数量，種類を使用頻度に応じて設定します。

手持ち管理表の例

職場名		製本課（印刷機種別工具類）				備考
機　種	工具名称	使用頻度	手持ち基準			備考
1号機	六角レンチ4m	毎　日	機種別	1個		
	六角レンチ5m	毎　日	機種別	1個		
	ドライバー ＋	随　時	共　有	1個		

(4) 実施手順
① 一斉スタート

整理基準と計画が決定したら，整理を開始します。ポイントは，期間を決めて一斉に行うことです。

② 不要品の摘出

不要品の摘出は，要らないものに整理品伝票を貼り整理を進めます。

③ 不要品の判定と処分

整理品伝票に貼られたものに対して伝票と現物を照らし合わせて行います。次に，不要品判定管理表に照らして処分方法の判定を行い，結果を不要品一覧表に記録します。

④ 不要品の処分

不要品一覧表を基に廃棄や売却など最適な処分方法を決定し実施します。

「整頓」の進め方

(1) 基本的考え方

整頓とは「ものの置き場を決め，使ったものを必ず所定の場所に戻すこと」です。

(2) 整頓の目的

整頓の目的は，取りにくいムダ，探すムダなどにより発生するムダな時間を省き，できるだけ有効な実労働時間を増やすことにあります。

(3) 整頓の手順とポイント

　整頓で大切なことは，仕組み作りだということを意識しながら実行することです。また，職場が常に外部から見られるような仕組みにすることもポイントです。

① 整頓の基準作り
　　i　手順書の作成
　　　整頓基準を決め，それを手順書として明確にしておきます。
　　ii　表示基準
　　　ものの配置や置き場の表示，品名の表示，数量の表示を決めます。
　　iii　置き場設定基準
　　　ものの置き場が誰でもわかるようにするために，ものの置き場に番地をつけて示します。
　　iv　容器数量基準
　　　容器への収納数の基準を取り決めておきます。

② 対象ブロックの整頓
　　i　対象ブロックの明確化
　　　整頓の対象ブロックを明確にします。
　　ii　配置の決定
　　　整頓対象となるもののそれぞれに配置を明確にします。
　　iii　表示の決定
　　　材料，部品など表示を決めます。
　　iv　ツールの準備
　　　整頓するための道具を準備します。
　　v　整頓のスケジューリング
　　　整頓対象ごとに「いつからスタートして，いつまでに，誰が，何をするのか」を計画します。

 vi 実　施

  スケジュールや分担に従って，各表示，線引きなどの整頓作業を行います。

③　整頓における表示

 i ものの配置の決定

  配置の基本原則により配置を決定します。

 ii 配置場所の整備

  配置決定後，5S対象ブロックの整備を行います。

 iii 配置場所の表示

  ものをどこに配置させたかを明らかにする場所の表示を行います。

 iv 名前の表示

  そこに何を置くのか，置くべきものの表示をします。

 v 量の表示

  適正な量の表示をします。

 vi 色による区分け

  資材・工具などを使用目的別に分類し，そのカテゴリーごとに色を決め確認できる仕組みを作ります。

 vii 形跡および型枠の利用

  戻しやすくするため形跡を利用したり，型枠を彫りそこに配置する型枠利用をしたりします。

「清掃」の進め方

(1) 基本的考え方

清掃とは,「汚れた場所を掃除し,きれいにすること」です。清掃活動をうまく進めていくためには,まず社員が自分たちの職場は自分たちできれいにしていこうという意識を持つことが重要です。

(2) 清掃の目的

清掃の目的は,確実な清掃の実施により,汚れなどが原因になって発生する不良品や設備類の故障などを防止することです。

(3) 清掃の手順とポイント

① 日常清掃

日常清掃は,毎日行う短時間の清掃です。この毎日の積み重ねがきれいな職場を維持します。

　i　対象範囲の決定

　　清掃活動を開始するためには,対象範囲を決定します。

　ii　対象区域および担当者の決定

　　清掃の対象となる区域を明確にします。次に清掃の担当部署や担当者を決め,清掃担当者マップを作ります。

　iii　時間帯と所要時間の決定

　　清掃を行う時間帯はあらかじめ決めておき,その時間帯に社員全員で一斉に行います。

　iv　清掃方法の決定および用具の準備

　　清掃方法は,清掃の対象により異なります。清掃方法を決定し,それらを実行するための用具を準備します。

v 清掃の実施

　清掃の対象ごとに定められた担当者が，所定の用具を使い，所定の方法で清掃を実施します。

vi 定期的な実施状況のチェック

　清掃チェック表を用いて定期的にチェックすることが必要です。

vii 定期的なルールの見直し

　清掃のルールを定期的に見直しするなどして継続的な改善に努め，最適な清掃が行われる状態を維持します。

② 点検清掃

　i 対象設備類の決定

　　点検という目的を兼ねて行う設備類を明確にします。

　ii 担当者の決定

　　対象設備類ごとに，点検清掃の担当者を決めます。

　iii 時間帯と所要時間の決定

　　点検清掃は，日常清掃と同時に行います。

　iv 点検清掃方法の決定

　　点検清掃の方法は，点検する設備類により異なります。

　　異常や汚れなどが多く発生しているかを調査し，点検する箇所とその項目，点検個所の清掃の順序を決定します。

　v 点検清掃の実施

　　設備ごとに定められた担当者が，定められた手順で点検清掃を実施します。

　vi 定期的な実施状況のチェック

　　定められたとおり実施しているか定期的に確かめます。

　vii 定期的なルールの見直し

　　清掃のルールを定期的に見直しするなどして継続的な改善に努め，最適な清掃が行われる状態を維持します。

③　汚れない職場作り
　　i　ついで清掃
　　　台車にモップを取り付け，運搬と清掃を同時に行う方法など手間要らずに清掃するような工夫も大切です。
　　ii　発生源対策
　　　汚れない職場を作るためには，汚れの発生源を突き止め，その発生源を絶つことが必要です。汚れの発生源を絶たなければ，汚れの発生，清掃，発生，清掃の繰り返しになります。発生源を確認してください。発生源を突き止めたら，汚れを生み出さない方法を考えます。

「清潔」の進め方

(1)　基本的考え方

　清潔とは，「整理，整頓，清掃により，きれいな状態を維持すること」です。

　整理，整頓，清掃が行動を表しているのに対して，清潔は状態を表しています。清潔とは，誰がみても，誰が使っても，整理，整頓，清掃の3Sがきちんと実行され，きれいな状態が維持されていることをいいます。

(2)　清潔の目的

　清潔の目的は，3Sを推進して構築した効率的な快適な職場環境を3Sの徹底，標準化の推進で維持していくことで，社員の安全・衛生管理や効率的な作業環境，機械・設備の故障防止や効率的な運転，製品の品質向上を図っていくことです。

(3) 清潔の手順とポイント

① 3Sの徹底と標準化

　3Sの徹底は、3Sを日常業務の一環として組み入れ、毎日3Sが実行できるようにすることで実現します。

　そして、誰でも3Sができるように手順書を整備します。

　i　3Sを維持する手順書を作成します。

　ii　手順書には、運用基準を明記します。

　iii　手順書は作成後、社員に周知し、実際に行動させて、会社に定着させます。

整理手順書の例

```
1．目　的
　職場の安全衛生の向上、生産性の向上、コストの低減、品質の向上
を図るため、整理手順を明確にすることを目的とする。
2．整理の定義
　整理とは、要るものと要らないものを分けて、要らないものを捨て
ること。
3．整理の進め方
                    ⋮
```

② 再発防止策

　毎回同じような問題が発生している状態のものについては、問題が次回からは発生しないように「3Sの再発防止策」を講じます。

　そして、**不要品が発生しない仕組み（整理）、乱れない仕組み（整頓）、汚れない仕組み（清掃）**を構築します。

　3Sの再発防止策は、発生原因考察表を使い設備や機械器具、材料など

の発生対象を明確にして発生原因を追究し，その原因に対する処置を実行します。

発生原因考察表の例

発生原因考察表									
対象物	発生箇所	発生内容	発生原因	処置内容	処置担当	処置期限	完了確認	再発防止策	効果確認

「躾」の進め方

(1) 基本的考え方

躾とは，「職場のルールを守ること」です。

社員は就業規則をはじめ，各職場で定められたルールを守らなければなりません。そのためには，社員全員で話し合いを行うなど，理解を得た職場のルール作りを行うことが大切です。

(2) 躾の目的

躾の目的は，職場をより安全にすること，あるいは職場のより良い風土作り，さらには会社の発展です。

躾ができていないと次のようなことが発生します。
① 整理しても,すぐに不要品がたまる。
② 整頓しても,すぐに治工具や刃具が乱れる。
③ お客様が来ても挨拶がなく,信用を落とす。

(3) 躾の手順とポイント
① ルールを作る
　職場にどのようなルールがあるか点検します。必要なルールが存在しない,あるいはルールがあっても,そのルールの内容が不明瞭な状態では躾を徹底することは困難です。必要なルールを作りましょう。
② ルールを実践する
　ⅰ　ルールを周知する
　　　ルールがあってもそれが全員に知らされていない場合があります。このため,ルールがしっかり周知しているか確認します。ルールの存在を知らなければ,そのルールを守ろうという行動には結びつきません。
　ⅱ　ルールを守る
　　　周知していても,ルールを守れないことがあります。ルールを守ることが可能な環境を作り,ルールを守っていきます。
　ⅲ　ルール違反は注意する
　　　ルール違反は,その場で注意することが大切です。
③ 必要があればルールを変更する
　周知していても,ルールを守れないことがあります。ルール変更の必要があればルールを変更します。
④ ルールを繰り返し,辛抱強く指導する
　ルールを守らない場合は,繰り返し,辛抱強く指導していきます。

5　5Sを行っていない会社

　材料管理などは，社員の裁量にすべて任せています。このため，使わない在庫が倉庫に山積みになっていたりします。

　道具の置き場が明確に表示されていないため，道具が散乱しており，いちいち探す時間がかかっています。

　また，機械の点検整備をせず，日々使用しているため，時々故障して製造ラインが止まったり，不良品を発生させ再度作り直ししたりしています。そして，納入した製品に問題が生じクレームに発展したりします。一方，通路などの安全確保が十分でないため，作業上の事故も発生し労働災害も生じます。

　ルールが明文化されていないため，みんな自己流で行い作業時間が大幅に膨らみ，製造コストが上がったり納期遅れが発生したりして，お客様のクレームにつながっています。

6　5Sを行っていない会社の製造部長へ

Q1　5Sよりも仕事が優先ではないでしょうか？

⇒　5Sは仕事そのものです。

製造部長

「勤務時間中にスケジュールに従って5Sを行っていますが，そもそも5Sよりも仕事が優先ではないですか」

宮内

「5Sは仕事をしていくうえで基本となるものです。どちらが優先ということではありません。5Sを仕事の一部としてとらえ，通常の仕事と並行して進めてください」

Check!　5Sと仕事を比較する話はよく出てきます。この場合どちらが優先ということではありません。5Sをしなければ，不良品の発生や連絡ミスなどで取引先に迷惑をおかけします。5Sも仕事そのものです。

Q2 作業道具などがどこにあるかは
自分でわかっていれば良いと思いますが？

⇒ 全体の作業効率も考えましょう。

製造部長
「作業道具など日常使用するものは，どこにあるか自分で把握していますので，整頓する必要はありません」

宮内
「作業道具は，共有で使うものです。このため，誰もがいつでも使えるようにしておくことが大切です」

|Check!| 社内で決めた整頓基準に従って，作業道具をセットしておくと全体として作業効率が上がります。

Q3 使わないものでも，いつか使うと思うので捨てられません……。

⇒ それは不良在庫と同じです。

製造部長

「今は使わない部品ですが，いつか使うので処分はせずにとっておきます。もったいないです」

宮内

「不要品基準を定めて，基準に従って処分すべきです。そのままにしておいたら，どんどん不要品が積み上がり，その場所がムダとなります」

Check! 長期間使わず，処分対象となっている物をそのままにしておくと場所を占有したり，不良在庫として残り作業の邪魔になったり，ムダなスペースを取ったりすることになります。思い切って処分しましょう。

Q4 5Sを実施しても業績につながりません……。

⇒ 作業コストの削減が実現できます。結果，売上に寄与します。

製造部長

「5Sを一生懸命やっても，きれいにはなるかもしれませんが業績にはつながりません」

宮内

「不要品の処分によりスペースを確保して賃料を削減したり，機械の点検整備によりチョコ停（生産設備の短時間停止等）や不良品発生を防止したりして，製造コストは削減したりします」

Check! 5Sでスペースの確保や製造コストの削減がなされます。作業の標準化も進み，ムダな作業がなくなり作業コストも削減されます。また，社内のルールが徹底し，連絡ミスなどによるクレームもなくなり，取引先の信頼が増し売上増加につながります。

第2節　改善提案制度の仕組み

1　改善提案制度とは

　日常の仕事を効率的に進めていくためには，日々の仕事の改善が大切です。そのための手段として，改善提案制度が非常に役に立ちます。

　改善提案制度は，社員の創意工夫について提案という形であげて，業務を改善することです。

　この改善提案により，製造原価を低減したり，売上が増加したり，安全を確保したりしていきます。

　また，改善提案活動を続けていくことで仕事が進歩し，効率化していきます。そのためには，改善提案を社員で積極的に提出する風土作りも必要となります。

2　改善提案制度のメリット

　改善提案制度が浸透すると仕事のやり方が改善していきます。

　具体的には，製造部門では，作業時間が削減されて作業の効率化が図られます。

　また，作業上のトラブルを改善し，不良品の発生を防止します。

　さらに，機械の故障やチョコ停の防止，作業の安全性の向上につながります。その結果，製造コストの削減につながり利益の増加をもたらします。

　事務部門では，事務作業の効率化などが進み，事務部門のコスト削減につながります。

　一方，社員の能力開発にもなります。考える習慣や問題解決能力が身に

つくようになります。改善提案活動には，上司の支援も必要なので，OJT教育にもなります。

3　改善提案制度の組織作り

(1) 審査委員会の設立
　改善提案制度の組織作りは，まず審査委員会を設立するところから始めます。審査委員会とは，改善提案書の採用の可否を審査する機関です。

(2) 審査委員の選出
　改善提案書を公平に審査するため，委員長を社長として，各部門長を委員とします。

(3) 改善提案の募集
　審査委員会は，改善提案箱などを用意し改善提案の募集をします。
　そして，委員は，集まった提案の採用の可否（採用の可否は提案者に通知する。報奨制度があれば同時に報奨する）を定期的に検討します。

(4) 審査委員会による改善提案書の作成
　集まった改善提案を基に，審査委員会は改善提案書（改善提案書の例は，107ページ参照）を作成します。改善提案書とは，仕事を効率的に進めていくための仕組みです。
　採用案は，所管部に実施依頼をします。

改善提案書の例

改 善 提 案 書				
所属		氏名		年　　月　　日
【現在，どのようにしていますか】 ①　共用の3段の工具箱に雑然と工具類が置かれています。				
【どのような問題が発生していますか】（問題とは非効率化，負担，不安全など） ①　工具を探すのに時間がかかります。 ②　工具の置く方向が悪く刃部でケガをすることがあります。				
【どのようにしたら改善できますか】 ①　切削工具と作業工具と治具の順にそれぞれの段を分けます。 ②　工具は，姿絵を書き，必ずその場所に返却できるようにします。				
【どのような改善効果がありますか】（効果とは効率化，負担減，安全化など） ①　工具を探す手間がなくなります。 ②　使うときに工具でケガをすることがなくなります。				

所管部使用欄					効果確認
1．実施する	実施日：	年　月　日			確認日：　　年　月　日
2．一部修正し実施する	実施日：	年　月　日			実施後効果はどうか
3．実施しない 　理由：					

　　注1．記載方法は，図，表，イラストでもかまいません。
　　注2．記載しきれない場合は，別紙を添付してください。

4　改善提案制度の進め方

　改善提案制度は，実際には，ただ，「改善提案しましょう」では，なかなか提案は出てきません。

　大変かもしれませんが，全員が最低月に1件は，改善提案をあげるという制度にしてみましょう。

　社員の中には，改善提案するといっても浮かばないという人もいます。しかし，業務において完全なものはないはずです。もっと効率的にするには，もっと負担をなくすには，もっと安全にするには，と考えていくと必ず改善すべきものはあります。

　積極的に業務の改善提案があがるように推進していきましょう。

　また，改善提案に対して，会社側として報奨金を出すこともあります。報奨制度をきちんと制度化すると，改善提案した者は報奨金などが獲得できるため報われます。

5　改善提案制度を行っていない会社

　現状のやり方を常に踏襲して仕事を進めています。そして，作業上のトラブルが発生しても，とりあえず修理や修繕で済ませたりして応急的な対応をします。このため，同じようなトラブルが繰り返し発生することになります。

　コスト面では，取引先などからコストダウン要請があり，受け入れると，社内の生産方式が従来どおりなので，社内の製造コストを下げることができません。その結果，会社の利益は縮小します。

6　改善提案制度を行っていない会社の製造部長へ

Q1　問題なく動いている仕事は改善する必要はないのでは？

⇒ 普段問題なく動いている仕事も改善の対象です。

製造部長

「自分の仕事に問題があれば、自分で率先して解決すればよいと思います。何も改善を制度化する必要はありません」

宮内

「慣れた仕事のやり方を変えるのは、面倒です。仕事のやり方に問題があっても、改善を先延ばしにしてしまいがちです。しかし、改善提案制度を取り入れることで、改善する文化が生まれ、仕事の改善が進みます」

> Check!　普段大きな問題もなく動いている仕事の場合、あえて変えることはなかなかしないものです。しかし、会社として改善することが奨励されれば、仕事のやり方を変えるきっかけになります。

Q2 仕事が忙しく改善提案など考えていられません……。

⇒ おっしゃるとおり目の前の作業で手いっぱいだとしても，普段から「改善できたらいいな」という問題意識を持ってほしいと思います。

製造部長

「製造現場では，納期に追われて仕事をしているため，改善提案を考えている時間はありません」

宮内

「作業時間中は，考える余裕はありません。しかし，そうした時間だけではないと思います。作業時間を離れた時に考えたり，あるいは普段から問題意識を持っていれば改善提案はできます」

Check! 改善提案は，その時にすぐ浮かぶこともあると思いますが，必ずしもその場で考えられるものではありません。問題があるものや，改善できたらというものがあれば常に頭に入れておき，改善方法を考えることが大切です。

Q3 改善提案書に改善内容などを記載するのは面倒に感じます……。

⇒ 改善提案は社員教育の一環です。図やイラストでもOKです。所管部に口頭で伝えるだけでも構いません。

製造部長

「製造現場は、事務仕事ではないので、わざわざ、改善提案用紙に書くのは大変な作業です。書くことに慣れていないので苦痛です」

宮内

「文章で書けなければ、図やイラストでも問題ありません。あるいは口頭で内容を所管部に伝えるだけでもよいのです」

Check! 改善提案制度は、社員教育の一環だと考えます。このため、相手に伝わるような書き方を改善提案制度で磨いていただきたいと思います。

第3節 経営会議の仕組み

1 経営会議とは

　経営会議は，会社の実行すべきことを決定し，実行してきたことを検証し，問題があれば改善を指示する場となります。
　この会議では，作成した経営計画の推進状況を検証します。また，経営課題の検討も行います。

2 経営会議のメリット

　経営会議を開催することにより，会社の各部門の責任者が集まり，そこで，意見を出し合って合議事項として決めることができます。そして，合議事項は会社の決定として，責任者を通じて関係者に伝えられて実行していきます。
　また，経営会議を開催することで，社長一人が一方的に実施すべきことを決めて，後は伝達事項になるということにはならないので，全員参加の意識が醸成され，施策のやる気につながります。

3 経営会議の構成と開催

　経営会議の構成メンバーは，社長，役員，部門長となります。
　開催は，原則として月1回，月初に開催する定例会議となります。開始通知は，総務部が社長名で行います。

4　経営会議の進め方

　経営会議の進め方は，会社の体制にもよりますが，総務部長が司会進行をして進めます。議題の進め方としては，次のように行います（なお，経営計画の会議の詳細は第2章参照）。

第1：経営計画の作成を行う

　経営理念を基に，経営ビジョン，環境分析，経営目標，経営方針，目標利益計画，主要施策，行動計画などの経営計画を作成していきます。そして，ここで作成した経営計画は，全社員に発表して，実行していくこととなります。なお，社員参加型の委員会方式の経営計画は，作成および進捗管理の構成メンバーに，必要に応じて施策の責任者が加わります。

第2：経営計画の進捗管理を行う

① 目標計数と実績との差異の検証

　経理部門より月次の目標利益計画をもとに計画どおりに実績が推移しているかをチェックします。仮に，計画が実績を下回っている場合は差額対策を検討し，改善策を考えます。

② 行動計画の差異の検証

　行動計画は，各部門が計画した行動内容がきちんと実行され，そして検証，改善というPDCAのサイクルで問題なく回っているかを見ます。このPDCAのサイクルに問題が発生している場合は，その原因を検討します。

第3：経営課題について検討する

　所管部門の役員や部長から，現在，発生している経営上の課題についてあげてもらい検討します。

第4：経営会議を各部門間のコミュニケーションの場とする

普段仕事で話す機会のない部門もあります。この機会に，お互いを理解するようにコミュニケーションを図ります。これにより，全体として仕事がスムーズに運ぶようになります。

そして，経営会議の結果として，議事録を作成して決定内容を記載し記録として残します。

議事録では，次のようなことを記載します。

① 議題と決定内容

最初に議題と決定内容を記載します。決定内容は，わかりやすく記載することが大切です。後にいろいろな解釈がとれるものとならないように注意します。そして，その内容の責任者と完了期日を記載します。特に完了期日は重要なので，会議では曖昧にしないできちんと決めることが大事です。そして，責任者は，別途行動計画を作成し，次回以降はその進捗状況を報告します。

② 次回の課題

次に，次回の課題を記載します。これは，新たな課題や今回検討したが決定に至らなかった内容で，次回以降に決定していくものを記載します。その責任者も記載します。

③ 経営会議の留意事項

最後に経営会議の留意事項を記載します。

会議メンバーとして定められた者は，原則として欠席することはできません。「仕事があるから」と欠席するケースがありますが，翌月の会議日程は，今月の会議の終了時に決めることで，この会議を優先させます。この会議の重要性をきちんと認識して，欠席のない会議を心がけることが大切です。欠席は，出席者との温度差となります。

経営会議の議事録の例

経営会議の議事録				
開催日時	年　月　日　時　分　～　　時　　分		場所	
参加者			書記	
内容				
1．議題 2．決定内容				
内容		責任者		完了期日
1. ︙				
注1：決定内容は，何をどのようにするかがわかるように記載すること 注2：決定内容は，別途行動計画を作成し，会議に毎回その進捗状況を報告する 3．次回の課題				
課題				責任者
1. ︙				
4．次回の会議日程 				

5　経営会議を開催していない会社

　年度の初めに売上や利益の計数目標を設定して，あとは，その計数を目指して日々仕事を進めています。その結果，社長は，決算期が近づくと，「今期はなんとか黒字になりそうだ」とか，あるいは「赤字になってしまうかもしれない」と慌てます。

　その後，決算が終わり，黒字であれば，新年度もまた計数目標を定め，社員に対し，「昨年と同様に新年度も新たな計数目標の達成に向けて頑張ろう」と伝えます。黒字の原因などは特に分析せず，社員には「みんなが頑張ったから黒字になった」といって終わることも多いものです。

　社員も「なんとかうまくいったんだな」と思い，日常業務に就きます。

　一方，赤字の場合は，社長は頭を抱え，まずは取引金融機関に出向き，赤字についてその要因を説明します。

　赤字の要因としては，取引先の取引額が減少したとか，コストダウンの要請があり利益が減少したなどをあげます。そして，新年度は，赤字を挽回すべく，「営業に力をいれ，取引量の拡大や新規取引先の開拓を推進する」と言い，取引金融機関を後にします。実際は，取引量の拡大や新規取引先開拓のあてもありません。いつもどおり，日常業務に追われ，赤字対策は進みません。

6　経営会議を開催していない会社の社長へ

Q1 社長の私がすべて決めているので会議はいらないと思いますが？

⇒ 会社の決定事項を実施するのは社長だけではありません。役員も社員もです。

社長

「やるべきことは，私がすべて決めていますので経営会議は必要ありません。時間の無駄です」

宮内

「なるほど，すべて社長の決定であれば，意思決定は早いと思います。しかし，それを実際に実施するのは社長はもちろんその他の役員と社員です。社長が決めたことを口頭で言っただけではなかなか伝わりません。また，決定事項に自分達が参加していないので，やらされている感があります。そのため，なかなか成果が出ないのが現実です」

Check!　社員は，実施する内容をきちんと理解・納得し腑に落ちなければ，なかなか行動に移せないものです。特に研究開発などは「○○を開発しろ」だけでは動けません。会議の場で所管部門と十分意思疎通を図ることが大切です。

Q2 日々の仕事が忙しく,会議をしている時間がありません……。

⇒ 後で重大な問題につながるかもしれなくても,そう言っていられますか?

社長

「仕事が忙しくて,会議はできません」

宮内

「仕事が忙しい状況でも,将来の仕事を考えたり,今やっている仕事の問題点などをしっかり検証したりする場は大切です。忙しいままに仕事を続けていると順調であれば良いのですが,問題が生じていても見逃してしまい,後で重大な問題につながるかもしれません」

Check! 日々,仕事を一生懸命することは大切です。しかし,決算といういわば通信簿は毎年来ます。黒字で借入金もしっかり返済できる内容なら問題ありません。しかし,赤字になったり,返済が難しい状況になったりすると大変です。それを防ぐには,1年後に検証するのではなく,経営会議の中で毎月しっかり予定どおりに経営が進んでいるのか検証することが大切です。

第4章

営業部門で作る「営業日報」,「顧客台帳」,「顧客アプローチリスト」,「提案書」の仕組み

　営業部門で作る仕組みは,営業日報,顧客台帳,顧客アプローチリスト,提案書の4つがあります。

　営業日報は,営業担当者の日々の行動管理と目標計数に対する進捗管理をする仕組みです。営業担当者は,実績が営業目標を下回る場合はその対策を営業日報に記載します。また,上司はこの営業日報を見て指導を行います。営業日報は,会社全体の計数目標を達成するための基本となるものです。

　顧客台帳は,取引先の全容を把握するとともに,取引先との取引方針や与信方針などをきちんと立てていく仕組みです。これにより,取引先との関係をより強固なものにしていきます。

　顧客アプローチリストは,具体的には契約獲得のために取り組んでいる主要取引先について,毎月,社長,役員および営業関係者で契約状況の進捗を管理する仕組みです。これにより,最終的に契約の獲得に結び付けます。

　提案書は,取引先からいただいた課題に対して課題解決のための方法を書面で作成し,取引先に提出して契約獲得を進めるための仕組みです。口頭での提案もありますが,提案書にすることで確実に自社の考えを取引先に伝えることができるため契約に結び付きやすくなります。

第1節　営業日報の仕組み

1　営業日報とは

　営業日報は，営業活動を日々記載するものです。
　営業日報により，各営業担当者はそれぞれ営業活動終了後に，商談内容や月や日々の目標に対する成果などを記載していきます。そして，記載が完了すると上司に提出して営業指導を受けます。

2　営業日報のメリット

　営業日報には，次のようなメリットがあります。
　第1は，日常の営業活動を詳細に把握することができるので，上司が営業のやり方などにムダがないか検証できます。
　第2に商談状況がわかるので，上司の支援が必要な時などに，上司はタイムリーに同行訪問をしてフォローできます。
　第3に，営業担当者のその日の目標の達成度がわかるので，当日の目標を下回っている場合には，その対策を一緒に検討することができます。

3　営業日報の構成

　企業によって営業日報のスタイルはいろいろありますが，ここでは営業日報の基本的な構成として共通しているものを挙げます。
　営業日報には，その日に訪問した時間や訪問した結果の商談内容を記載します。商談内容には，訪問先，訪問相手，訪問目的，商談状況，商談結

果を記載します。

　商談内容は重要で，商談内容に要点がしっかり書かれていないと上司も具体的な指示ができないので注意が必要です。

　また，計数については，今月の目標，今月の実績，本日の実績を記載します。さらに，その日の問題点と対策を記載します。上司に提出して上司の指導コメントをもらいます。

営業日報の例

担当者　山田　太郎　　　　　　　　　　　　　　　　○年○月○日○曜日

時間	訪問先	訪問相手	訪問目的	商談状況	商談結果
10：00	○商事	山崎部長	新製品の案内	新製品のセールス	4月から400セット納入決定。
11：00	○興業	長谷課長	新規先の訪問	製品の案内とセールス	製品を理解した。

今月の目標	今月の実績累計	本日の実績	問題点と対策	上司指示

4　営業日報の使い方

　営業日報は，営業担当者が1日の活動を振り返り，その成果と問題点と対策を報告するものです。

　この営業日報により，上司は営業担当者全員のその日の行動を把握します。そして，目標達成に向けて改善すべき点をタイムリーに指導していきます。また，本人はその日の営業面で良かったことや悪かったことを振り返ることで，翌日以降の営業の見直しに役立ちます。

5　営業日報を作っていない会社

　日常の営業活動は，すべて営業担当者に任せています。

　そして，1日の営業活動が終了し帰社した後は，営業担当者が大事だと思うことは，上司に口頭で報告をします。

　このように，営業活動はすべて担当者任せのため，営業先と日々どのような交渉をしているのかが，上司にはわかりません。このため，営業担当者が営業目標に未達であってもどのように商談しているのかもわからず，うまくサポートができなくなってしまいます。

6　営業日報を作っていない会社の営業部長へ

Q1 営業日報を作らなくても過去の活動を覚えているので必要ないのでは？

⇒ **営業スキル向上のためには，自分の営業内容を振り返ることが必要です。営業日報の作成はその機会でもあります。**

営業部長

「営業先を訪問したことは，営業日報を書かなくても自分で覚えていますので必要ありません。むしろ営業日報を書くだけ手間です」

宮内

「営業日報がなければ，自分の営業上の問題点などがわかりません。営業日報を見て，その日の営業状況を振り返り，営業の見直しができます」

Check!　活動記録は，営業スタイルや方法に問題がないか探すツールとなります。自分の営業内容を振り返り，改善していくことで，営業スキルが向上します。

Q2 問題があれば口頭で営業担当者から報告を受けて指導すれば済むのでは？

⇒ 営業成績が上がらない問題は，スポットごとの報告では解決しません。活動記録を追うことが必要です。

営業部長

「その日の活動記録がなくても，問題があればその都度，営業担当者から申告してもらっているのでわかります」

宮内

「営業先からお叱りを受けたなどのスポット的な問題は，営業担当者から報告があればわかります。しかし，営業成績が上がらない問題は，営業日報で日々の訪問状況をみないと具体的に対策を講じられません」

Check! 営業上の成果が上がらない原因は，営業活動の記録の中にあります。営業担当者の活動記録をもとに見ていくことで訪問の仕方などの問題点が掴めます。営業日報は活動記録を追うために重要なものです。

Q3 営業日報は，訪問時間と訪問先だけ記載すれば良いと思いますが？

⇒ 営業は上司を含めた部門一丸で行うものです。商談交渉の過程から抱えている問題が見えてくることがあります。

営業部長

「その都度，訪問先の目的，商談状況，その日の成果などを書くのは手間がかかります。今日のできごとは，いつ，どこへ行ったか，受注した時はいつ誰から受注したという記載で十分です」

宮内

「新規先などの営業先は，時間的な動きだけでは，上司はアドバイスできません。どのような商談交渉の段階にあるのか，あるいはどのような問題を抱えているのかがわかると，上司として支援しやすくなります」

Check! 一人で営業しているわけではありません。営業は営業部門が一丸となって行っています。問題があれば，上司も応援していきます。このためには，営業日報により詳細な情報をきちんと共有することが大切です。

第2節　顧客台帳の仕組み

1　顧客台帳とは

　顧客台帳は，取引先を管理していくものです。
　具体的には，取引先の売上規模や社員数などの取引先情報，取引先評価，訪問交渉記録などを記載します（顧客台帳の例は128ページを参照）。
　この顧客台帳で，取引先の状況がわかるとともに，取引先と自社との取引内容がすべてわかります。

2　顧客台帳のメリット

　顧客台帳には，次のようなメリットがあります。
　第1に，取引先の全容がわかりますので，取引方針を容易に設定できます。
　第2に，取引先の財務力などがわかるため与信管理に利用できます。
　第3に，取引先との時系列の交渉経緯がわかるため，自社の営業担当や上司が変更になってもいままでの経緯がきちんと把握できスムーズな引き継ぎができます。
　第4に，取引先のニーズが把握できますので，ニーズに応じた対応を迅速にかつきめ細かくできます。

3 顧客台帳の構成

　顧客台帳では，**取引先情報**として，売上高，販売先，仕入先などの企業の業務の取組内容を記載します。次に，**取引先評価**として，品質，コスト，納期，財務力などの取引先の評価を記載します。

　さらに，**訪問交渉記録**として，取引先とどのように取引していくかの取組方針を決め，その方針に従って訪問計画を作成して，訪問計画をもとに訪問した状況を記載していきます。取引先の状況により，必要な情報は適宜追加します。

　顧客台帳の基本的な内容は，次のようになります。

(1) 取引先情報
① 社名，住所，代表者，所管部署，設立年月，業務内容
② 売上高，社員数，主要販売先，主要仕入先，取引銀行
③ 支払条件

(2) 取引先評価
① 定性条件
　品質，コスト，納期，資産力，経営者能力，販売力，仕入力，技術力，開発力
② 定量条件
　収益性，安全性，成長性（決算書より分析）

(3) 訪問交渉記録
① 取組方針
② 訪問計画
③ 訪問実績：訪問日，面談者，面談結果，次回対策，上司意見

上記の内容を台帳として作成すると次のようになります。

顧客台帳の例

〈表〉

取引先情報		取引先評価	
社名	㈱○○工業	品質	品質は○○段階の○レベル
住所	○○市○○5-10	コスト	低コストを武器としている
代表者	代表取締役　野中一郎	納期	定められた納期による
所管部署	仕入部	資産力	社屋と工場は自社所有
設立年月	昭和20年5月	経営者能力	リーダーシップ力がある
業務内容	機械部品の販売	販売力	全国シェア20%を持つ
売上高	100億円	仕入力	安定した仕入れを持つ
社員数	100名	技術力	○○では，業界No.1の技術を持つ
主要販売先	○○物産他5社	開発力	自社に開発部門を持つ
主要仕入先	△△工業他5社	収益性	業界平均以上
取引銀行	□□銀行	安全性	業界平均以上
支払条件	3か月の支払手形	成長性	飽和状態になりつつあり

訪問交渉記録

〈裏〉

取組方針	3月中に新製品の取引を契約する。			
訪問計画	毎週1回は訪問する。			
訪問日	面談者	面談結果	次回対策	上司意見
3月22日	宮田部長	当社の製品に理解を示す。	継続して説明する。	相手の要望をよく聴くこと。
3月29日	宮田部長	納入の方法で話が進む。	契約に結び付ける。	契約条件を詰めること。

4 顧客台帳の使い方

　営業面では，取引先の会社の状況がわかりますので，そうした情報をもとに，製品などの取引内容を打ち合わせていくことができます。

　また，営業上の製品取引などでは，一般的に与信を設定します。こうした時に，過去の取引量や財務力をもとに評価していきます。さらに，毎年度，取引方針を決め，その方針に従って訪問していきますが，商談状況を把握して，取引の強化を図っていきます。

5　顧客台帳を作っていない会社

　取引先の管理は，営業担当者に任されています。

　このため，取引先の業務内容や財務力などは，担当者しかわからず，社内では，情報を共有することができません。

　そして，取組方針が出されていたとしても，訪問状況は担当者しかわからないため，商談状況について知りたい場合は，担当者からのヒアリングで知るしかありません。また，取引先評価もしていないため，与信枠が設定されておらず回収不能になることがあります。

6　顧客台帳を作っていない会社の営業部長へ

Q1 顧客台帳を作るのは手間がかかり，管理も面倒です……。

⇒ 人の記憶には限界があり，担当者の異動・退職もあります。スムーズな引き継ぎのためにも顧客台帳は必要です。

営業部長
「顧客台帳なんて必要ないです。取引先のことで知りたいことがあれば，いつも訪問している担当者を呼んで聴いています」

宮内
「確かにそれは早いやり方です。しかし，その担当者が退職したら情報がわからなくなってしまいます。また，人が記憶できる量は限られていますし，記憶の勘違いも生じます」

Check!　顧客台帳は，取引先とのつながりを記録するものです。これがあれば，担当者が異動や退職で変わっても，スムーズな引き継ぎに役立ちます。いわば顧客引継書とも考えられます。

Q2 信頼関係ができているので取引先内容の記録は必要ないのでは？

⇒ 取引先の財務内容が悪化することもあります。継続して取引先の内容を記録することが与信管理につながります。

営業部長
「取引先とは，長年にわたって取引を継続しているので信頼関係が構築されています。このため，顧客台帳はいりません」

宮内
「取引が長い相手とは，お互いに信頼関係があり，取引もスムーズです。しかし，取引先の財務内容が悪化することはあります。いままで安心できる先でも将来はわかりません。与信面からも，継続して取引先の情報を収集しましょう」

Check! 担当者同士で馴れ合いの取引をしていると，取引先の財務内容が悪化しているにもかかわらず取引量は増え，取引先が突然倒産し貸倒れになってしまうことがあります。常に与信管理は必要です。取引先の内容を時系列で記録して変化がないか見ていくことが重要です。

第3節　顧客アプローチリストの仕組み

1　顧客アプローチリストとは

　顧客アプローチリストは，会社として，各営業担当者が営業として取り組んでいる相手先との契約に向けての進捗状況を一元管理するための表です。

2　顧客アプローチリストのメリット

　顧客アプローチリストには，次のようなメリットがあります。
　第1に，すべての個別案件について取組方針のもとにどの程度まで営業が進んでいるかといった進捗状況が一目でわかります。
　第2に，営業推進上で問題点がある場合は，社長や営業責任者を交えて対策を講じることができます。
　第3に営業案件に対して，社長や営業責任者など関連する者がすべて情報共有して，一丸となって推進していくことができます。

3　顧客アプローチリストの構成

　顧客アプローチリストの基本的な内容は，次のようになります。
① 　担当者………営業担当者名
② 　取引先………営業先名
③ 　取組方針……どのように営業していくか
④ 　訪問条件……月に何回訪問するのか

133

⑤ 取引経緯……営業するに至った経緯
⑥ 取引金額……どの程度の取引をしていくか
⑦ 先方担当者…営業先の責任者
⑧ 直近交渉日…直近ではいつ訪問したか
⑨ 交渉状況……現在営業活動はどの程度進んでいるのか
⑩ 課題…………交渉していて今何が課題になっているか
⑪ 成約率………成約になる確率は何パーセントか

顧客アプローチリストの例

担当者	取引先	取組方針	訪問条件	取引経緯	取引金額	先方担当者	直近交渉日	交渉状況	課題	成約率
山田一郎	○○商事	新規取引推進	週1回	エリア内新規	月500万円	渡辺課長	10.1	製品説明	当社製品の優位性の理解	10%

4　顧客アプローチリストの使い方

　営業担当者は，個別案件ごとに行動していますが，会社あるいは上司が管理していくうえで，営業先全体の表がないと営業部門全体でどのように進んでいるのかが見えません。このため，この顧客アプローチリストを作成することにより，取引先ごとに営業の推進状況を把握するとともに，会社全体としての目標達成度も把握します。

具体的には，営業会議で，このリストを使って取引先の取組方針を達成するために，誰がいつどのように営業交渉しているか，その交渉の結果，今どの程度契約が進んでいるかを見ていきます。

　そして，取引を成功させるために今後どう取り組んでいくかを検討します。顧客アプローチリストは，まさに，**売上の成否を決める重要な表**といえます。

5　顧客アプローチリストを作っていない会社

　個別案件についての進捗は，すべて営業担当者に任されています。

　このため，契約の見込みやいつ契約になるのかは，誰もわかりません。

　また，すべて営業担当者任せなので，取組方針が決まっている案件について，どのような問題で契約が進まないのかもわかりません。

　契約になって初めて，社内に知らされ，売上が計上されることがわかります。このため，資金担当者も資金繰りに苦労します。

第4章 営業部門で作る「営業日報」,「顧客台帳」,「顧客アプローチリスト」,「提案書」の仕組み

6　顧客アプローチリストを作っていない会社の営業部長へ

Q1 取引先のことは担当者に任せるほうがよいと思います……。

⇒ 担当者１人では取引先への対応が遅れ，最悪他社に取引を取られるケースもあります。

営業部長
「取引先のことを十分わかっているのは担当者なので，担当者にすべて任せておいたほうが本人もやりやすいはずです」

宮内
「主要取引先や対応が難しい取引先などは，アプローチリストで進捗管理すると課題解決も早く効率的です。１人で管理していると，なかなか課題の解決策が出ないなどで取引先への対応が遅くなり，他社に取引を取られてしまうかもしれません」

Check!　すべてを顧客アプローチリストで管理する必要はありませんが，主要取引先については，失注すると損失が大きいため，営業部全体で管理して進めることが大切です。

Q2 取引先への営業の進捗管理は特に必要ないと思いますが？

⇒ **結果報告だけでは，失注したときに挽回できません。**
取引先の進捗管理は営業部全体で行いましょう。

営業部長

「取引先については，契約できたかどうかの最終結果だけが重要で，後は担当者がきちんと管理すれば良いことです」

宮内

「担当者にすべて任せて，最後の結果だけ報告をもらうのは，一見効率的ですが失注すると挽回できません。進捗管理は，営業部全体で協議しながら進めていくことで，良い知恵もでて，契約率の向上につながります」

Check! 取引を進めていくうえでは，進捗状況をきちんと管理していくことが大切です。担当だけで管理していると対応が遅れて，後手後手に回ることもあります。営業全員でお客様の進捗管理をしましょう。

Q3 結局,契約は取引先次第だと思いますが?

⇒ 自社の資金繰り,生産対応のためにも契約の状況は常に管理すべきです。

営業部長

「取引先がいつ契約するかは,営業はしているもののお客様の都合によります」

宮内

「取引先との契約は資金繰りに影響します。大口の取引を予定している場合は,原料の手配などで大口現金の確保も必要です。こうしたことから,取引先との契約の状況を常に管理することが大切です」

Check! 大口取引が突然成立しても,製造はすぐには生産対応できません。また,資金手当も追いつかない場合もあります。こうした事態を防止するために契約状況の進捗管理は大切になります。

第4節　提案書の仕組み

1　提案書とは

　提案書は，課題に対して解決策を検討し，その結果を書面で作成するものです。提案書には決まった形式はありません。通常は営業担当者が取引先の課題や要望に対し，提案書として提出しています。

2　提案書のメリット

　提案書には，次のようなメリットがあります。
　第1は，取引先の課題に対して課題解決の姿を書面で提出しますので，取引先は内容を的確に把握することができます。
　第2は，提案書があることにより，取引先が社内で説明する場合に，自分で説明する必要はなく，その書面を提出するだけで済みます。
　第3は，取引先が自社の課題を解決する場合に，複数の会社から提案書を出してもらい書類で比較することができます。

3　提案書の構成

　提案書の基本的な構成は，次のようになります。
　第1は，「現状」です。現状とは，現時点における課題をいいます。現状をしっかり分析していないと，解決策が的外れになりますので，十分に調査したうえで作成していきます。そのためには，取引先の現状についてしっかりヒアリングしたり，観察したりすることが大切です。

第2に,「目標」です。目標とは,課題を解決した場合のあるべき姿です。その目標は,技術面,費用面,スケジュール面などの制約条件を考慮して作成します。

　第3に,「提案」です。現状と目標の差を解決していく方法を提案します。ここでは,社内で十分検討した結果を記載します。特に営業提案の場合は,他社との提案書の競合となるため,費用面や技術面などを比較して優位性があるかどうかを十分考えて記載していきます。

　第4に,採用後の対応です。採用された場合の導入方法などについて記載します。具体的には,進めていくための費用,導入スケジュールなどを記載します。

提案書の例

　　　　　　　　　　　　　　　　　　　　　　　　　　　年　月　日

〇〇病院
　〇〇様

　　　　　　　　　　　　　　　　　　　　　　　　　　株式会社〇〇
　　　　　　　　　　　　　　　　　　　　　　　　　　担当〇〇

<u>　　　　　　　　患者様誘導用ポールのご提案書　　　　　　　　</u>

1．現状

　〇〇病院様では,会計時に並ぶ患者様のための誘導用ポールは金属製をお使いになっておられます。金属製ポールは,丈夫で倒れても壊れず長期に渡って使用できます。また,値段的には安価なものが多くあります。しかし,金属製ポールは,患者様には温かみが感じられません。そうした面は,お待ちいただいている患者様にとってはストレス要因の一つとなります。さらに,患者様が万一,金属製ポールにあたった際には衝撃を受けて強い痛みを伴うリスクが大きいと思われます。

2．目標

現状を改善するためには，患者様のストレスの緩和と安全面に一層配慮した誘導用ポールが求められます。

3．提案

○材を利用しました患者様誘導用ポールの導入のご提案をさせていただきます。添付の「木製誘導用ポール」の写真をご覧ください。

当社では，○材で有名な○○市と提携し，○○市指定の○材に当社の特殊加工技術を組込みました患者様誘導用ポールを開発しました。

この特徴は，①木材の持つ見た目の柔らかさとぬくもり，②木の香りを提供するものです。これにより，気持ちの安らぎを提供し，患者様が並ぶストレスの緩和になります。また，安全面では，木製ポールということで，金属製ポールと比較して，軽く，衝撃に対する緩衝性があり安全性が高くなっております。

なお，この○材は○○市では特産品として位置づけています。

4．導入計画案について

（1）対象病院

第1段階…○○病院様に導入，第2段階…系列病院様に導入

（2）実施スケジュール

第1段階，第2段階ともに，○○病院様のスケジュールに基づきまして搬入させていただきます。

5．費用

誘導用ポール1個に付き，○○円となります。

6．当社の経歴と納入実績

（1）経歴

○○

（2）納入実績

既に，○○病院様に導入していただいております。

その際の評価では，○○というお声をいただいております。

以　上

4　提案書の使い方

　提案書はすべてのケースで作成するわけではありません。自社で提案書の作成条件を決めておいて，その条件に従って作成します。条件としては，取引先から提案書を求められた時，あるいは一定の取引金額以上の場合に作成することにすればよいでしょう。

　提案書作成手続きの流れとしては，提案書作成の条件に該当した時は，速やかに担当者が作成し，金額等の決済権限をもつ上席者が内容を検証し，決済した後，取引先に提出します。

5　提案書を作っていない会社

　中小企業を訪問して営業担当者と話をしていると，「提案書を作ったことがない」という話をよく聞きます。そうした時に「取引先から課題の解決策を相談された時はどのように対処していますか」とうかがうと，「自分の知っていることを口頭で回答している」とのことでした。

　取引先に対する対応は早いのですが，課題に対して十分な調査もしないで回答していると，必ずしも相手にとって満足した答えにはなりません。このため，既存先からの新たな課題や新規先からの課題については，安易に即答せずに，きちんと提案書を作成していくことが望まれます。

　また，取引先から，提案の機会を折角いただいても自社の力量も把握しないで，安易に請け負ってしまい，実際はできないということが生じて取引先の信用を失うこともあります。

6　提案書を作っていない会社の営業部長へ

Q1 提案書を作るのは面倒です。

⇒ **取引先は口頭での説明をすべて理解し覚えられるとは限りません。**
書類があれば手元に残り，確実に伝えたいことを残すことができます。

営業部長
「取引先に提案書を作るのは手間がかかり大変です。このため，商談の中で，当社の製品のメリットなどを説明して済ませています」

宮内
「確かに，その場で取引先に提案すべきことを口頭で回答したほうが早いです。しかし，取引先はすべてを理解し，覚えているとは限りません。提案書があれば，伝えたいことが書類として残ります」

Check!　書類を作るのは手間ですが，確実に内容を取引先に伝えられる点は大きなメリットです。口頭では，忘れられてしまうことも書類の場合は取引先の手元に残り，商談が継続しやすいものです。

第4章　営業部門で作る「営業日報」，「顧客台帳」，「顧客アプローチリスト」，「提案書」の仕組み

Q2 提案書が作れません。

⇒ 提案書には「現状」「目標」「提案」の3つを盛り込みましょう。

営業部長

「提案書を作ったことがありません。そのため、どのように作るのかわかません」

宮内

「提案書には、次の3つの基本的な構成をもとに組み立てます。すなわち「現状の課題」、「目標（課題を解決した姿）」、「提案」を記載していきます」

Check! 提案書を作ったことがないという会社は多いと思いますが型を覚えてしまうと難しくありません。恒常的な内容の商談には必要ないかもしれませんが、新規や大きな商談では、提案書があると先方の担当者も社内の説明に役立ちます。

第 5 章

製造・建設部門で作る「作業手順書」,「外注管理」,「購入管理」,「品質向上委員会」の仕組み

　製造・建設部門で作る仕組みは，作業手順書，外注管理，購入管理，品質向上委員会の4つがあります。
　作業手順書は，作業の標準化を進めていき，効率的な仕事を目指すとともに，品質の向上や部下の指導などができるようにしていく仕組みです。
　外注管理と購入管理は，製造業や建設業では特に求められる仕組みです。製造業や建設業では，生産あるいは工事の全工程を社内で行っている企業は少なく，程度の差はあるものの，多くは外注を利用しています。外注は，もう1つの製造部や工事部ともいえるものです。このため，外注を管理する仕組みが大切になります。その活用次第で，企業の生産能力や収益を増大させることが可能となるからです。
　また，製造業や建設業では，材料等の購入の良し悪しで利益が大きく左右されてきます。こうした購入の管理を行うことで，品質の良い材料等を低コストで納期どおりに納入することができます。
　品質向上委員会は，過去に発生した不適合やクレームについて再発防止処置をしたり，今後発生する可能性のあるものについて予防処置をとる仕組みです。品質向上委員会を開催していくことにより，社内ではより一層品質を向上していこうとする意識が醸成されます。

第1節　作業手順書の仕組み

1　作業手順書とは

　作業手順書は，各部署で作業する工程を時系列にまとめたものです。そして，当該工程でのポイントや必要な業務知識を記載します。

2　作業手順書のメリット

　作業手順書には，次のようなメリットがあります。
　第1に，作業ミスがなくなります。作業手順書に基づいて作業することにより，自己流による作業ミスがなくなります。
　第2に，作業手順書をもとに品質が改善します。技能が向上し，高品質の製品を作ることができるようになります。
　第3に，事故防止になります。過去の事故事例などを組み込むことにより，同じような事故を防止できます。
　第4に，教育が迅速化します。作業手順書があると，それをテキストにして新入社員や後輩に正確に指導することができます。
　第5に，技能伝承ができます。熟練した技術者が退職しても，技能伝承ツールとして作業手順書があることにより，技能が承継され作業に支障をきたしません。
　第6に生産性が向上します。作業手順書には最も適切な手順がまとめられていますので，ムダ，ムラ，ムリのない作業にしていくことができます。

作業手順書のメリット

作業手順書 →
- ミス・故障の防止
- 品質の向上
- 事故の防止
- 教育の迅速化
- 技能伝承
- 生産性の向上

第5章 製造・建設部門で作る「作業手順書」、「外注管理」、「購入管理」、「品質向上委員会」の仕組み

3 作業手順書の構成

　作業手順書には,決まった形式はありません。しかし,各作業にはポイントとなる点があり,それらポイントを組み込んで作成します。

(1) 作業手順書の基本的な構成

作業手順書の例

○○課	○○職場	作業人員	1名	作成日	○年○月○日
				改定日	○年○月○日
作業名	配送車の洗車・清掃手順書				
作業範囲	配送車の洗車・清掃				
機械	洗車機,掃除機	道具類	ブラシ		
資格・免許	自動車普通免許	保護具	専用手袋		
No.	作業手順	ポイント		必要な業務知識	
1	配送車の鍵を保管庫からもってくる。	鍵の紛失に注意			
2	配送車を保管場所から洗車場に移動する。			洗車手順書を準備	

(2) 作成上の留意点

① 作業手順書は,法律に違反しない内容であることが大切です。職場の安全衛生基準などに照らし合わせて問題がないか検証していきます。

② 作業手順書は単独で作るのではなく,自社の技術基準や設備管理基準などを参照して作ります。

③ 作業手順書は,生産用と安全用に分けて作成している場合がありますが別々に見るのは煩わしいので一本化することが望ましいです。

4　作業手順書の使い方

　作業手順書を使って，作業の標準化を進めていきます。現場では人により作業方法が異なる場合がありますが，そうした方法を統一して，効率的な仕事を目指します。一方，作業手順書をもとに作業の改善や作業上の事故を防止していきます。

　また，新人が作業を覚える時や新たに作業を修得する時は，マニュアルとして活用します。さらには，熟練者の技能を手順書という形で見える化して残していきます。

5　作業手順書を作っていない会社

　中小企業の製造業を訪問すると，作業手順書を作らず作業している姿をよく見かけます。

　何をもとに作業しているのか聴いてみると，「作業のやり方は，先輩から口伝えで教えてもらい頭に入っている」と言います。いわゆる，口伝えの教えです。それでは，覚えるのに時間がかかりますし，まだ教えてもらっていない異例な問題が発生した場合対応できないということも起こります。また，間違って覚えてしまったら，その方法をずっと踏襲するということも起こります。

　一方，工場などでは自己流の作業手順書があり，何が正しいのかわからない場合もあります。こうしたことも整備していかなければ，事故が発生したり，品質を落としてお客様からのクレームになったり，作業ミスで不良品が発生したりします。

6　作業手順書を作っていない会社の製造部長へ

Q1　作業手順書がなくても覚えているので十分では？

⇒ 実際の作業を見聞きするだけでなく，作業手順書があることでさらに作業の体得が早くなります。

製造部長

「作業のやり方はすべて体得していますので，手順書として書いておかなくても問題ありません。むしろ手順書を作るのが大変です」

宮内

「作業のやり方をすべて体得していれば，作業は早いです。しかし，作業のやり方を体得するまでに相当時間がかかったはずです。作業手順書でそうした時間を短縮することができます」

Check!　実際の作業を見たり聞いたりするよりも，作業手順書があると早い時間で覚えられ，戦力となります。

Q2 熟練者がたくさんいるので，その場で教えてもらえます。

⇒ 熟練者もいつかは退職します。高度な技術ほど作業手順書を残しておくべきです。

製造部長

「当社は，熟練者がいますので，作業でわからない時や困った時はその人に聞くとすぐに解決します。したがって，作業手順書はいりません」

宮内

「熟練者がいると，しっかり教えてもらえるので確実に作業が進められます。しかし，そうした熟練者も定年で退職します。そのとき，簡単には技術は引き継げません。作業手順書は技能伝承の役割を果たします」

Check! 熟練者の技能はすばらしいものがあります。しかし，その人達がいつまでも会社にいるとは限りません。高度な技術であればあるほど，技能伝承として作業手順書として残しておく必要があります。

Q3 先輩の作業を見て覚えれば十分では？

⇒ これまでの手順に非効率なところ，危険なところはありませんか。手順書があれば手順の分析・見直しができます。

製造部長

「先輩の傍で見ているうちに作業のやり方は覚えますので，作業手順書はいりません」

宮内

「なるほど，見ていて覚えられるのは良い環境ですね。しかし，現在の作業に非効率な面があったり，事故の危険性などの問題を抱えていることもあります。作業手順書として記載することにより，問題の分析をすることができます」

Check! 以前からあるやり方だからといって，その作業のやり方が正しいとは限りません。作業手順書として顕在化することにより，分析して見直すことができます。また，作業手順の標準化と効率化を目指すことができます。

第2節　外注管理の仕組み

1　外注管理とは

　外注は，全部または一部の作業を外部に委託するものです。その場合に内外作の区分の設定，外注先の選定，外注価格の評価，納期管理，品質管理などを，会社として行っていくことを外注管理といいます。

2　外注管理のメリット

　外注管理には，次のようなメリットがあります。
　第1に，外注先の外注条件を明確にすることで，過度の依存がなくなります。
　第2に，外注先の評価を行うことで，外注先の力量をきちんと把握できます。
　第3に，外注先の価格を把握できるため，適正な外注費で取引できます。
　第4に，外注先の生産・施工計画を把握できるため，納期遅れがなくなります。
　第5に，外注先の品質管理を行うので，外注先の品質トラブルがなくなります。

3　外注管理の手順

外注管理は次の手順で進めていきます。

(1) 内外作の区分の設定

　社内製作かそれとも外注か（内外作）は，製品の品質，コスト，納期等に影響する重要な問題です。このため，社内製作か外注かは一定の基準を設けて決めることが大切です。

　社内製作の基準としては，

- 自社に生産能力がある。
- 技術を自社で保有したい。
- 自社生産がコスト上有利。

などがあります。

　一方，外注の決定基準としては，

- 社内の生産能力を超える受注がある。
- 技術的に社内ではできない。
- 外注のほうがコストが安い。

などがあります。

(2) 外注先の選定

　従来からのつながりで外注先が固定化している場合は多くみられますが，外注先の経営内容や能力は変わるものであり，常に外注先を「選定」するという意識が必要です。

　そのためには，外注先管理カードや評価表を作成します。なお，外注先評価表は，後節の購入先評価表を参考にしてください（163ページ参照）。

外注先管理カードの例

○年○月○日現在

企業名	○○会社		設立年月	1974年10月
代表者名	○○太郎		所在地	東京都渋谷区
資本金	1,000万円		電話番号	(03) △△-××
社員数	50名		業種	部品製造
経営状況	社長交代後，業績はやや減少傾向にある			
主要業務	部品製造販売		主要設備	○○機械
取引条件	手形3か月			
取引銀行	○銀行○支店		担当者	××
取引経緯	1985年に取引開始。当社製品の10％外注			
特記事項				

(3) 外注価格の評価

外注内容に応じ，選定した数社から見積りをとり，内容の検討を行います。

見積りは，通常外注先から材料費，労務費，経費などを集計したものが提出されます。これをみて，内容の正確性，妥当性，さらには，安いのか，高いのかを評価していきます。

ここで重要なことは，自社のモノサシ（価格見積技術）で評価することです。このモノサシがなければ，見積金額が安いのか高いのか評価できないことになります。

(4) 納期管理の徹底

外注は，自社工場ではないため内容が見えにくいものです。したがって，自社工場と同様に納期管理を徹底していく必要があります。納期遅れが発生すると後の段取りに問題が生じ全体に影響します。

納期管理では，外注先の生産の計画と実績をチェックしていきます。そして，生産の計画と実績に差異がある場合は，原因を究明し計画どおりに進めるにはどうしたらよいかを検討し，その対策を講じていきます。

(5) 厳正な品質の管理

品質管理は，非常に大切なことであり，不良品が発生すると会社の将来にも影響します。

品質トラブルの原因には，仕様書を受け取った外注先が品質の内容を十分理解できていなかったり外注先の品質管理体制に不備があったということがあります。

このため，外注先との定例工程会議を通じて，工程ごとに仕様の確認を行ったり，品質管理のチェックシート等を作成・活用することが重要です。また外注先の品質管理体制に問題がある場合には，外注先に対して品質管理教育を実施します。

4　外注管理で収益向上を図る

製造コストや工事コストを削減するためには，外注管理の中で次のことを考える必要があります。

(1) 外注のコストダウン

外注は，製造原価そのものです。製造原価を下げれば利益が上がります。このため，外注のコストダウンの方法を積極的に検討していくことが大切です。コストダウンの方法としては，QC（Quality Control：品質管理）やVE（Value Engineering：価値工学）等を活用していくとよいでしょう。

(注) コストダウンのVEは，品質を下げずにコストを低減するために，各種代替案を比較検討しコスト低減効果の最も高い案を選択するコスト管理の手法です。

(2) 外注先の指導・育成

具体的には，生産方法改善等の技術面の指導や納期管理・品質管理の管理レベルを向上させるための指導を実施します。こうした指導を行っていくことが外注先のレベルアップにつながっていきます。

(3) 外注先の新規開拓

これは，生産能力のアップや業務内容を広げていくためだけでなく，外注先を見直し，より優良な外注先を見つけ出していこうということです。

外注管理の巧拙により，利益は伸びたり失ったりします。外注を利用している会社にとって，徹底した外注管理こそ収益増の決め手となります。

5　外注管理を行っていない会社

外注先に，製造や工事を丸投げしています。

このため，過度に外注依存していると主導権は外注先に握られ，外注先のやり方により，全体の仕事が左右されます。また，外注価格も外注先の意向に左右されます。

6　外注管理を行っていない会社の製造部長へ

Q1　外注先まで見ていられません。

⇒ 外注先はもう1つの製造部です。

製造部長
「自社の工場の管理だけで精いっぱいです。外注先のことは，外注先に任せておけば良いと思います」

宮内
「自社できちんとした外注管理をしていないと，外注単価が高くなったり，納期遅れや品質トラブルが発生したりします」

Check!　外注は，もう1つの製造部です。その活用次第では，利益が出たり出なかったりします。また，品質トラブルが発生するとお客様の信用を失います。

Q2 外注先の技術レベルが低くて困っています。

⇒ 外注先に出向き，生産指導・品質管理の指導を積極的に実現させましょう。

製造部長
「外注先を頼りにしているものの，品質面で不具合がよく発生して困っています」

宮内
「小規模な外注先も多いと思います。外注先は，いわば生産の協力会社です。外注先に出向き，生産指導や品質管理の指導を積極的に行いましょう」

Check! 外注先に責任のある製品の品質面の問題も，取引先からのクレームは製品を出荷した会社に来ます。取引先にとっては，すべて最終製品として出荷した会社の責任と見ています。このため，協力会社の製造力アップも非常に重要になります。

Q3 外注先が手を引くのがこわいのですが……。

⇒ 外注が特定の会社に集中するのは危険です。常に外注先の新規開拓を心がけましょう。

製造部長

「あまり外注先にいろいろ要求すると外注先が手を引くおそれがあります。だから，我慢しながら使っています」

宮内

「1つの外注先に依存しすぎると外注先の立場が強くなります。このため，特定の会社に依存せずに普段から外注先を増やしておくことが大切です」

Check! 特定の外注先に集中しないように，常に外注先の新規開拓を心がけましょう。優秀な外注先を確保すると，取引先の評価も上がります。

第3節　購入管理の仕組み

1　購入管理とは

　材料等を購入する場合に，購入基準の作成，購入方法の決定，購入先の選定，購入価格の評価，さらには納期管理，品質管理，在庫管理などを，会社として行っていくことを購入管理といいます。

2　購入管理のメリット

　購入管理には，次のようなメリットがあります。
　第1に，購入先を分散し，過度に特定の購入先に依存しなくなります。
　第2に，本部一括購入などで，購入コストを削減できます。
　第3に，購入先の評価を行うことで，購入先の力量をきちんと把握できます。
　第4に，購入先の生産価格を把握できるためにコスト管理ができます。
　第5に，購入先の生産計画も把握できるため，納期遅れがなくなります。
　第6に，購入先の品質管理も行うので，品質トラブルがなくなります。
　第7に，適正在庫管理ができ，資金の効率化と在庫の陳腐化を防止することができます。

3　購入管理の手順

購入管理は，次の手順で進めていきます。

(1)　購入基準の作成

見積りの取り方，発注協議などの購入基準を作成し，その基準に基づき社内で購入手続きを行います。

(2)　購入方法の決定

購入物について，コストを勘案して本部の一括発注か，部署単位の発注かを決定します。

本部の一括発注の導入基準としては，①個人あるいは部署の裁量ですべて購入していると余分な材料等を購入して全体として余分な在庫を持つことが増える，②購入先との個人的なつながりなどで材料等を購入し，その結果，不良在庫が増えたり，材料費が上がったりするもので量があるものあるいは高額な材料などになること，があげられます。

(3)　購入先の選定

購入先の経営内容等を記載した購入先管理カードや購入先評価表で選定します。

なお，購入先管理カードは，前節の外注先管理カードを参考にしてください（155ページ参照）。

建設会社の購入先評価表の例

項目	項目		評点
会　社	(1)	社内の統率がとれているか。	
	(2)	社内の連絡，伝達事項，対応に不快感は無いか。	
	(3)	整理，整頓，清掃は十分にできているか。	
技　術	(1)	品質保証することのできる機材を所有しているか。	
	(2)	機械又は設備を使いこなす技術者はいるか。	
	(3)	自社開発等の特許製品はあるか。	
	(4)	技術資料の提出は十分か。	
品　質	(1)	品質を大切にする考えが末端まで徹底しているか。	
	(2)	不良品再発防止のシステムができているか。	
	(3)	測定器の精度を定期点検しているか。	
	(4)	生産ラインは整備，確立されているか。	
納　期 運　搬	(1)	受注品の納期は予測できるか。	
	(2)	納期遅れを挽回するシステムができているか。	
	(3)	製品の運搬体制はとれているか。	
資　金	(1)	資金繰りはうまくいっているか。	
	(2)	財務内容は良いか。	

(4) **購入価格の評価**

購入する資材の内容に応じ，自社のモノサシ（価格見積技術）をもとに，指値，協議あるいは複数見積りで評価します。

(5) **納期管理**

購入先の生産の計画と実績をチェックし納期管理を徹底します。

(6) 購入先の品質体制の管理

購入先の品質体制に問題がないかを監査します。不良品が発生すると取引先のクレームとなります。取引先の資材管理の状況等を定期的に監査することが必要です。

(7) 在庫管理の徹底

材料等の購入時や購入後の在庫の管理を徹底します。

在庫は持ちすぎると資金効率が悪くなります。また，使用しない在庫になると不良在庫となります。このため，在庫管理により，適正在庫基準の設定，材料等の調達期間の短縮，保管管理の厳正化を行い，在庫の持ちすぎや陳腐化を防止するようにします。

(8) 購入先の新規開拓

購入先を見直し，より優良な購入先を見つけ出していきます。外注先管理と同様に，購入先管理の巧拙により利益は伸びたり，失ったりします。

4 購入管理を行っていない会社

材料等の購入は，すべて使用する担当者に任せています。

このため，必要以上に購入して過度の在庫となり陳腐化して使えなくなったりします。また，購入材料等について他社との価格を比較しないで，高いものを購入してしまうこともあります。こうした結果，材料仕入原価が上がり，製造コストの増加につながったり，購入在庫が増加し資金繰りに影響したりします。

5　購入管理を行っていない会社の社長へ

Q1　購入は担当部署の担当者に任せています。

⇒ 担当者任せは在庫過剰・高い価格での購入につながります。
購入基準を設定することが大切です。

社長
「材料などは必要に応じて購入していると思うので，購入はそれぞれの部署の担当者の判断に任せています」

宮内
「担当者任せですと，特定の購入先から購入していて，高いものを買っていたり，手持ち在庫を考えないで過剰在庫になっていたりすることがあります」

Check!　購入については，購入基準を設定していくことが大切です。すべて担当者の裁量になると担当者によって購入方法がバラバラになり，高い価格で購入していてもそれに気付くことができません。

Q2 購入した材料の在庫管理はしていません。

⇒ 材料の仕入れの管理がなければ，現金・機会両方の損失を招いてしまいます。

社長
「購入した材料の後のことまで覚えていられません」

宮内
「購入後の在庫管理は大切です。不要在庫が増えれば，それはすべて損失となります。また，現金の損失にもなります」

Check! 材料を仕入れすぎたり，使わなかったりした場合は，会社にとって損失となります。一方，注文に対して仕入れが間に合わないと機会損失になります。材料などの仕入れは，リードタイムをきちんと考慮して行うことが大切です。

Q3 各現場ごとに注文するので値段が考慮できていません。

⇒ 本部で集中購入すれば材料価格は下がります。

社長
「建設現場は，各地に点在していて，各現場ごとに小ロットで発注しています。したがって，材料価格は割高になることもあります」

宮内
「建設業のように，現場が各地に点在する中で，その現場ごとに購入すると小ロットのため，高い材料を購入することになります。本部などで集中購入を行うことが望まれます。これにより，材料価格は下がります」

Check! 本部などでの集中購入は，特定先から大量に購入することで価格も交渉できるため，コストダウンになります。なお，会社の実状に応じて，購入することも大切です。

第4節　品質向上委員会の仕組み

1　品質向上委員会とは

　品質向上委員会は，会社の品質向上に関することを検討，推進し，顧客満足の向上のために開催します。品質向上に関して決めたことは，関係部署に伝え実施していきます。

2　品質向上委員会のメリット

　品質向上委員会には，次のようなメリットがあります。
　品質向上委員会では，社長をはじめとする各部門の責任者が集まり，品質に関する方針を決め，決定したことは品質に関わる部署の責任者が即実行します。これにより，問題への対処が迅速になります。
　また，品質向上委員会を通じて不適合やクレームへの対策をきちんと行うことで良い製品作りにつなげていくことができます。
　（注）　不適合とは，作ったものが検査などの基準を満たしていないことをいいます。

3　品質向上委員会の構成と開催

　品質向上委員会の構成メンバーは，原則として社長，役員，製造部門など品質に関わる部門長，がなります。
　開催は，原則として月1回行い，定例会議とします。なお，重大な不適合があった場合などは臨時開催します。開催通知は，品質担当責任者が行います。

品質向上委員会は，会社の不適合やクレームの防止策を決定していきます。決定したことは，全社ベースで実行することになります。

4　品質向上委員会の進め方

　品質向上委員会は，会社の体制にもよりますが，品質担当責任者が司会進行をします。議題の進め方としては，次のように行います。

(1)　前月までの不適合やクレームの進捗管理

　不適合・クレーム・是正処置報告書により，進捗状況を確認していきます。

　不適合やクレーム処置が完了していない場合や是正処置が完了していない場合は，実施部門からヒアリングして対応を検討します。

(2)　過去の不適合やクレームの分析と対策

　不適合やクレームが多い場合などには，過去の不適合やクレームの統計を取り，その傾向を分析し，対策を講じます。

　ここでは，品質向上委員会で決めた過去のデータ期間より，不適合やクレームを取り出して，その内容の分析を行います。

(3)　予防措置

　まだ不適合やクレームになってはいないが新たに発生する可能性があると思われるものは，予防措置を講じることになります。具体的には，予防処置報告書を発行して実施します。

不適合・クレーム・是正処置報告書の例

所管部						
得意先名		製品名		発生日	年 月 日	
不適合・クレーム	（不適合・クレームの内容記載）					
処　置	（不適合・クレームに対する処置を記載）			実施日	年 月 日	
是正処置：必要・不要（どちらかに○） 　　　　　上記の理由：						
【是正処置が必要の場合】 　⬇						
原　因	（原因を記載）					
対策案	（対策案を記載）					
実　施	（対案策を実施した状況）			実施日	年 月 日	
効　果	（その後，問題は発生していないか）			効果確認日	年 月 日	

予防処置報告書の例

所管部	
不適合クレーム	（予想される不適合・クレームの内容記載）
原　因	（原因を記載）
対策案	（対策案を記載）
実　施	（対策案を実施した内容）　　　　　　　実施日　　年　月　日
効果確認	（その後，問題は発生していないか）　効果確認日　　年　月　日

第5章　製造・建設部門で作る「作業手順書」，「外注管理」，「購入管理」，「品質向上委員会」の仕組み

(4) 決定内容

　品質向上委員会の結果として，議事録を作成し決定した内容を記載し記録として残します。

　この議事録は，経営会議に準じて，議題と議題の決定内容，その内容の責任者，完了期日を記載します。そして，次回の課題を記載します。次回の課題は，今回検討したが継続となった案件や次回に新たに検討する予定の案件とその責任者を記載します。

5　品質向上委員会を開催していない会社

　製品に不適合やクレームが発生した場合にそれに関わる部門が対応します。部門対応なので，社長まで不適合やクレームの声が届かないこともあります。特に，不適合は，部門で処理してしまい何事もなかったようになってしまうこともあります。

　そうなると品質に関する意識は低くなり，その結果，その後に重大な不適合につながって，製品等の作り直しで過大な作業負担や費用が発生したり，取引先からのクレームで取引停止になったりして会社に大きな損失が発生してしまいます。

6　品質向上委員会を開催していない会社の社長へ

Q1 不適合やクレームがある度に報告書を作ることはしていません。

⇒ その場で対応できる小さな不適合やクレームにも大きな問題があるかもしれません。

社長
「毎日納期に追われて生産しているので，小さな不適合やクレームについては，報告書を作成していません。その場で担当部門が対応して終わっています」

宮内
「小さな不適合やクレームはその場で簡単に対応できるとしても，そこには大きな問題があるかもしれません。報告書で関係者が認識し，きちんとした対応をすることが大事です」

Check!　報告書を作成することにより，処理した内容がきちんと効果を出しているかを後に検証できます。そして，効果に問題があれば，別の対応をすることができます。

Q2 品質に関する委員会は必要ないと思いますが？

⇒ 不適合やクレームは製造部門だけの問題ではなく，会社全体の問題と捉えるべきです。

社長
「品質に関して委員会形式で皆を集めて開催する必要はありません。部門が認識すればよいです」

宮内
「不適合やクレームは製造部門だけが問題ではなく，外注先や営業との意思疎通不足などに原因があることもあります。会社全体の問題として捉えないと十分な対応はできません」

| Check! | 不適合やクレームは，製造部門で発生したとしても，その部門だけの問題とは限りません。会社全体の仕組みの問題でもあります。このため，委員会形式で会社全体で取り組むことが大切です。

Q3 予防処置は必要ありません。

⇒ **これから発生が予想される不適合やクレームは，予防処置をすることで，未然に防ぐことができます。**

社長
「発生もしていない不適合やクレームの対策は，必要ないと思います」

宮内
「まだ，具体的に不適合やクレームが発生していなくても，このままいくと発生する可能性のあるものは，事前に予防処置をとることが大切です」

Check! 不適合やクレームは，発生する前に未然に防ぐことも重要です。これにより，ムダな作業やコスト増加ならびに信用を落とすことを防ぐことができます。

第6章

総務部門で作る「賃金体系」，「人事考課」，「目標管理」，「社員教育」の仕組み

　総務部門で作る仕組みは，賃金体系，人事考課，目標管理，社員教育の4つがあります。

　賃金は，社員にとって生活を賄うものとして大切です。また，働き方に応じてきちんと賃金を支払う体系があることにより，仕事に一層やる気が出ます。このように賃金体系は，社員の生活を賄い，かつ，仕事でやる気を出すための仕組みです。

　人事考課は，社員を貢献度に応じて公平に評価する仕組みです。人事考課表を作成し，それをもとに，毎年人事評価を行い，社員の育成や処遇や配置に適用します。

　目標管理は，会社の目標，部門の目標をもとにした個人の目標を上司とともに設定して，それを達成していく仕組みです。目標管理の仕組みによって，上司は部下に対してきめ細かく指導でき目標達成を支援することができます。

　社員教育は，社員の学ぶべき仕事のなかみを明確にし，仕事の修得段階に応じて，指導担当者を決めて指導していく仕組みです。これにより，社員のスキルアップとマルチスキル化を目指します。

第1節　賃金体系の仕組み

1　賃金体系とは

　賃金は，社員1人ひとりに支払われる働きに対する対価です。賃金の構成には，基本給と諸手当がありますが，基本給は賃金の中で構成割合が高く，最も重要な部分を占めています。
　このため，基本給については，会社業務に対応した算定方法にすることが大切になります。こうした賃金の構成や賃金の算定方法を決めたものが賃金体系となります。

2　賃金体系の構築のメリット

　賃金体系を構築することには，次のようなメリットがあります。
　第1は，社員を採用する際の賃金は，現在の社員の賃金水準を勘案して賃金規程の採用規定により容易に決定できます。
　第2に昇給方法も定められているので，人事考課をもとに査定を行い，社員の貢献度合いにより昇給を行うことができます。
　第3に，社員の能力をきちんと評価し，現在の社内における位置づけを明確にすることができます。

3 賃金体系の構成

(1) 賃金の構成は大きく分けて2つ

賃金は，大きく分けて「基本給」と「手当」で構成されます。

基本給は，名前のとおり賃金の基本的な部分であって，一般的には，年齢，勤続年数，能力，仕事内容などを考慮して支給されます。一方，手当は，特定の条件に合致した社員に対して支給される賃金です。役職手当，家族手当，通勤手当などがあります。

(2) 基本給の構成

一般的に，年齢給，勤続給，職務給，職能給などがあります。

① 年齢給

年齢給は，年齢ごとに必要と思われる最低生活費を保障するために，年齢によって賃金に格差を設けるものです。

② 勤続給

勤続給は，勤続年数の長さを会社への貢献度として賃金に反映するものです。

③ 職務給

職務給は，仕事の難易度・責任の度合いなどにより賃金を決める方法です。

④ 職能給

職能給は，社員の職務遂行能力のレベルに対応して賃金を決定するものです。能力度合いを「職能等級基準」として定め，これに基づき各人の等級を決定します。

職能給が，「人間基準」の賃金であるのに対し，職務給は「仕事基準」の賃金といわれ，今何の仕事を行っているかということで賃金が決まります。

4　賃金体系の構築の進め方

ここでは，賃金の中で大半を占める基本給の賃金体系のあり方を説明します。

(1)　基本給の決め方

基本給の算定方法を何に求めるのかは，会社が社員に対し，何をもって処遇するのかという極めて重要なことになります。したがって，自社の固有の事情や経営方針をふまえ，十分検討を重ねたうえで決定する必要があります。また，これからの賃金を考えると，やはり本人の年齢や勤続年数といったものではなく，本人の能力によって決定される職能給や担当する仕事によって決定される職務給が基本となります。

なお，中小企業は，職務給では職務評価に手間がかかり，新たな仕事が増えたり，仕事の内容が変わったりした場合，メンテナンスが大変になります。また，1人の社員がいろいろな仕事を掛け持ちしています。こうした現状では，職務給よりも職能給が適しています。

そこで以下では，中小企業で主に導入されている職能給について解説していきます。

(2)　職能給の導入について

①　職能給の基本的な考え方

職能給は，本人の能力により賃金が決まり，明確な基準が示されることから，労働意欲の向上や優秀な人材に対する適正処遇といった面から非常に優れたシステムです。

特に，賃金体系を初めて構築する会社（総合決定給から移行する会社），社員に1つの職務だけではなくさまざまな仕事をさせるような会社では，職能給の導入が適しています。

② 職能給の仕組み

職能給では，職能等級基準と職能給表と昇給表を作成します。

社員は，職能給の導入時に，職能等級基準に基づいて等級が決定されます。次に，同じ等級の中でも，社員ごとに号数が決められ，職能給が決定されます。

そして，毎年，人事考課を行い，社員の職務遂行能力の向上度合いについて，「昇給表」に従って昇給額が決定され，新たな年度の等級・号数が決まります。なお，職制は，等級を基準として任命していきます。

A．職能等級基準の作成

等級別に職能等級基準を設定します。

職能等級基準の例

等級		業務の遂行能力	業務知識
管理職	7級	高度な専門的知識と実務の経験により，的確な判断力，企画力，折衝力など相当複雑な業務を遂行できる能力を持つ	業態の動向，専門知識，経営管理知識がある
	6級	担当業務について，専門知識と実務経験に基づき，下位を指導し業務を遂行する能力を持つ	担当業務について専門的な知識がある
監督職	5級	上司より一般的な指示を受けるが，担当業務について，専門知識と実務経験で下位を指導し業務を遂行する能力を持つ	高度な実務知識と関連業務の知識がある
	4級	業務処理について，上司指導のもとに定形外の業務を遂行でき，下位を指導できる能力を持つ	担当業務に高度な実務知識がある
一般職	3級	業務処理について，上司から直接指導を受けて，定められた手続きに従って，複雑な定形業務を遂行できる能力を持つ	担当業務に実務知識がある

B．職能給表の作成

等級と号俸別の職能給表を作成します。各社員の等級が決定されると，さらに同じ等級の中でも，社員ごとに号数が決められ，職能給が決定されます。

職能給表の例

(単位：円)

号	3級 1号当り 700	4級 1号当り 800	5級 1号当り 900
1	190,000	210,000	240,000
2	190,700	210,800	240,900
3	191,400	211,600	241,800
4	192,100	212,400	242,700
5	192,800	213,200	243,600
6	193,500	214,000	244,500
7	194,200	214,800	245,400
8	194,900	215,600	246,300
9	195,600	216,400	247,200
10	196,300	217,200	248,100
11	197,000	218,000	249,000
12	197,700	218,800	249,900
13	198,400	219,600	250,800
14	199,100	220,400	251,700
15	199,800	221,200	252,600

C．昇　給

毎年，人事考課を行い，社員の職務遂行能力の向上度合いについて，一般的には5段階のランク（S～D）に分け，これをもとに「昇給

表」に従って昇給額が決定され，新たな年度の等級・号数が決まります。なお，昇格は，一定の昇格要件を定め，それを満たした場合に行います。

昇給表の例

(単位：円)

等級	1号当り金額	ランク				
		S	A	B	C	D
7級	1,100	7,700	6,600	5,500	4,400	3,300
6級	1,000	7,000	6,000	5,000	4,000	3,000
5級	900	6,300	5,400	4,500	3,600	2,700
4級	800	5,600	4,800	4,000	3,200	2,400
3級	700	4,900	4,200	3,500	2,800	2,100
2級	650	4,550	3,900	3,250	2,600	1,950
1級	600	4,200	3,600	3,000	2,400	1,800
昇給対応号数		7号	6号	5号	4号	3号

5　賃金体系を作っていない会社

　賃金表のように社員の位置づけを定めるものがないために，自分の賃金が社内でどの位置にいるのかがわかりませんし，きちんと評価されているのかもわかりません。

　また，新たに社員を採用する場合に，賃金を決定する基準がないので，その都度苦労します。さらに，毎年の昇給に関して，基準がないために，社員に対して貢献度に応じた昇給の決定ができません。このため，社員の賃金に対する不満のもとにもなっています。

6 賃金体系を作っていない会社の社長へ

Q1 社長一人が社員を見て賃金を決めています。

⇒ **賃金体系は社員の社内での地位を決めるシステムでもあります。根拠のない賃金の決定では、社員は社内での地位がわかりません。**

社長
「社員の賃金は、私が見てすべて決めているので、何も問題はありません」

宮内
「なるほど、普段から社員を見ていれば、働きぶりはわかるとは思います。しかし、社員の賃金を社長の判断だけで決めていると皆バラバラな賃金です。そうなると、今自分は社内でどの位置にいるのかわかりません。また、目指す賃金もわかりません」

Check! 賃金体系は、社員の賃金を決めるシステムであり、また社内での地位を決めるシステムでもあります。賃金体系のシステムを整備していくことで、賃金について、社員はどこを目指していくのかが明確になります。

Q2 社員の採用時の賃金は、希望金額を勘案して決定しています。

⇒ 既存社員との整合性が取れないと社内に不満が残ります。やはりきちんとした賃金体系に基づき決めるべきです。

社長
「新たな社員の採用時の賃金は、社長の私が面接して、本人の希望や当社の実情をもとに決めています」

宮内
「社長が決定すると早いと思います。しかし、何も基準がなく決めていきますと社内にいる社員との賃金の整合性が取れなくなります。既存社員の賃金よりも高くなったりして社内に不満が残ります」

Check! 採用時の賃金を、採用する社員の要望などを勘案して社長が決定していくと賃金がバラバラになります。やはり、きちんとした賃金体系に基づいて社員を採用していくことで、社内の公平が保たれます。

第6章 総務部門で作る「賃金体系」、「人事考課」、「目標管理」、「社員教育」の仕組み

Q3 昇給は，利益が出れば行います。

⇒ 業績のみでの昇給の判断は，頑張った人が報われません。
業績が一時的に悪くとも頑張った社員が評価される仕組みにすべきです。

社長

「昇給は，利益が出た時に行います」

宮内

「たとえ，利益が出ない厳しい年でも，成果を出した社員には，定められた昇給を実施していきましょう。そうしないと社員のやる気が出ません」

Check! 会社の業績は，最優先ですがそれだけで昇給を決めてしまうと頑張った人が報われません。たとえ会社の業績が全体として一時的に悪くても頑張った社員が昇給するシステムは必要です。

第2節　人事考課の仕組み

1　人事考課とは

　会社に対して，努力して貢献度が高い社員と努力せず貢献度が低い社員が同じ昇給だとすれば，不公平です。こうしたことをそのままにしておくと社員は仕事にまじめに取り組む意欲がなくなっていきます。

　このため，会社では，きちんと貢献度を評価して適正な処遇をしていくことが必要です。この社員の貢献度を正しく評価する方法として人事考課を行います。

2　人事考課のメリット

　人事考課には，次のようなメリットがあります。

　第1に，会社に対する貢献度を適正に評価した結果を昇給，昇格，賞与に反映させることができます。

　第2に，担当している仕事の能力を評価するとともに，能力をさらに伸ばしていく役割があります。

　第3に，仕事の能力や適性を判断して，適した職務配置を実現することができます。

3　人事考課の内容

(1)　人事考課を実施するための条件

人事考課の条件として，次の3つが重要となります。

- 人事考課基準が作成されること
- 作成した人事考課基準が社員に公開されること
- 人事考課基準によって考課した結果が社員にフィードバックされること

(2)　人事考課を行う目的

人事考課の目的には，次のようなものがあります。

① 会社への貢献度評価（最も重要な評価です）

会社に対する貢献度を適正に評価し，その結果を昇給，昇格，賞与などに反映させます。

② 能力開発

担当している仕事の能力を評価するとともに，さらに伸ばしていく役割があります。

③ 適正な配置

評価をする中で仕事の能力や適性を判断して，最も適した職務配置に利用します。

(3)　人事考課の評価対象

人事考課の評価対象は，勤務時間内における仕事のうえでの発揮度を対象とします。性格や潜在能力などは評価対象としません。

(4) 人事考課の構成

人事考課は，原則として，成績考課，執務態度考課，能力考課という3つの考課により評価する構成とします。

① 成績考課

成績考課は，仕事の内容について質的な面と量的な面から評価します。

② 執務態度考課

執務態度考課は，仕事に取り組む行動を，規律性，協調性，積極性，責任性などの面から評価します。

③ 能力考課

能力考課は，仕事を遂行できる能力を，知識・技能，判断力，企画力，折衝力，指導力，理解力，創意工夫などの面から評価します。

(5) 考課の種類

考課の種類は，昇給，昇格，賞与の3種類です。

(注) 昇格は，職能資格制度を導入している会社を基準にしています。

(6) 考課要素のウェイト

各考課要素は，等級，職務，職種などによって，評価にウェイトを付けます。また，考課の種類によっても評価にウェイトを付けます。

4 人事考課の進め方

人事考課は，次のように行います。

(1) 考課者

原則として，次のような段階の評価をしていきます。1次考課者は，被考課者の直属の上司とし，2次考課者は，1次考課者の上司とします。

また，1次考課者と2次考課者の考課結果に違いがある場合には，2次考課者は1次考課者の意見を聴いて原因を追及します。3次考課者は最終考課者で通常は社長がなります。

(2) 考課方法

　考課方法は，原則として，あるべき姿（会社の求める水準）に対して被考課者がどういう水準なのかを評価します。

　　（注）　被考課者全体の順位を決め，Sは全体の5％，Aは10％というように評価割
　　　　合を決める相対評価は原則として行いません。

(3) 考課結果のフィードバック

　面接により，考課結果を説明します。考課結果の良い者には，どこが良かったのかを説明するとともに，さらに高い目標を目指すように指導します。一方，考課結果の悪い者には，どこが悪かったのかを説明するとともに，改善策を一緒に検討します。

(4) 考課の実施

　考課は，次により行います。

① 賞与の考課

　賞与は，賞与の考課表により評価します。賞与の考課表は，成績考課と執務態度考課の考課要素の考課表を作成して評価します。

人事考課表・賞与の例

人事考課表（賞与）

考課要素			評定基準	1次			2次			決定
成績考課	仕事の質	1	仕事は，正確（間違いがない）であったか。	5	3	0	5	3	0	
		2	仕事の出来栄えは良かったか。	5	3	0	5	3	0	
		⋮	⋮	⋮	⋮	⋮	⋮	⋮	⋮	
	仕事の量	1	仕事は，無駄なくテキパキと敏速に処理していたか。	5	3	0	5	3	0	
		2	仕事が遅れて間に合わなかったことはなかったか。	5	3	0	5	3	0	
		⋮	⋮	⋮	⋮	⋮	⋮	⋮	⋮	
執務態度考課	規律性	1	上司の指示，命令はきちんと受け，守っていたか。	2	1	0	2	1	0	
		2	報告，連絡，相談は正確に行っていたか。	2	1	0	2	1	0	
		⋮	⋮	⋮	⋮	⋮	⋮	⋮	⋮	
	協調性	1	同僚の仕事を援助していたか。	2	1	0	2	1	0	
		2	同僚とトラブルを起こさなかったか。	2	1	0	2	1	0	
		⋮	⋮	⋮	⋮	⋮	⋮	⋮	⋮	
	積極性	1	人のいやがる仕事を進んで行っていたか。	2	1	0	2	1	0	
		2	問題意識を持ち改善しようとしていたか。	2	1	0	2	1	0	
		⋮	⋮	⋮	⋮	⋮	⋮	⋮	⋮	
	責任性	1	仕事を途中で放棄することはなかったか。	2	1	0	2	1	0	
		2	責任を回避・転嫁することはなかったか。	2	1	0	2	1	0	
		⋮	⋮	⋮	⋮	⋮	⋮	⋮	⋮	

第6章　総務部門で作る「賃金体系」，「人事考課」，「目標管理」，「社員教育」の仕組み

② 昇給の考課

昇給の考課は，改めて昇給として考課するのではなく，夏と冬の賞与の考課表の2回の評価を勘案して昇給評価を決定します。

（注）昇給の場合は，考課表による考課はありません。

③ 昇格の考課

昇格の考課は，昇格の考課表により評価します。

人事考課表・昇格の例

人事考課表（昇格）

考課要素			評定基準	1次			2次			決定
能力考課	知識・技能	1	仕事に関する基本知識を修得している。	2	1	0	2	1	0	
		2	仕事の段取りができる。	2	1	0	2	1	0	
		⋮	⋮	⋮	⋮	⋮	⋮	⋮	⋮	
	判断力	1	事態を正確に判断し対応できる。	2	1	0	2	1	0	
		2	自己流に陥ることがない。	2	1	0	2	1	0	
		⋮	⋮	⋮	⋮	⋮	⋮	⋮	⋮	
	折衝力	1	問題解決において相手と粘り強く交渉している。	2	1	0	2	1	0	
		2	話し合いで自分の考えを相手によく伝えている。	2	1	0	2	1	0	
		⋮	⋮	⋮	⋮	⋮	⋮	⋮	⋮	
	理解力	1	上長の指示を誤りなく理解している。	2	1	0	2	1	0	
		2	問題や状況を正しく理解している。	2	1	0	2	1	0	
		⋮	⋮	⋮	⋮	⋮	⋮	⋮	⋮	
	創意・工夫	1	仕事の手順や方法の改善策を提案している。	2	1	0	2	1	0	
		2	新しい方法について考案している。	2	1	0	2	1	0	
		⋮	⋮	⋮	⋮	⋮	⋮	⋮	⋮	

5　人事考課表を作っていない会社

　評価システムが整備されておらず，昇給，昇格や賞与支給時の評価は，経営者の主観で行っています。

　このため，どうしても不公平な評価になることがあります。場合によっては評価の差を付けず，一律の昇給を行っています。また，昇格も社員の能力を見てふさわしいからというよりも，売上などの華々しい成果が出たからということがしばしばみられます。

　こうした人事考課を実施していると，社内では，徐々にモチベーションが落ちてきて，その結果，業績の低下にまで影響が及びます。

6　人事考課表を作っていない会社の社長へ

Q1　社員の評価は，社長一人が評価しています。

⇒ **感覚的な評価になっていませんか。**
人事考課表は社員がどう行動すべきか
知らせるツールです。
人事考課表を作成しましょう。

社長

「人事考課表は必要ありません。社長の私が普段の仕事ぶりを見て評価します」

宮内

「社長が評価するのは，評価結果がすぐに出ます。しかし，人事考課表のない評価は，感覚的な評価に陥りやすいものです。何を評価するのかを明確にして評価し，その結果をフィードバックしましょう」

Check!　人事考課表で何を評価するのか明確にされると，社員はそれに従って行動するようになります。人事考課表は，社員にどう行動したら良いかを知らせるツールとなります。

Q2 評価者は直属の上司のみで行っています。

⇒ 評価の片寄りをなくすため，さらに上の上司の評価も必要です。

社長
「部下の評価は，直属の上司が行い，最終決定しています」

宮内
「直属の上司の評価は重要です。しかし，さらに上の上司の評価も必要です。1人の評価では評価が片寄ることがあるからです。何段階かの評価を行い，評価の片寄りをなくします」

Check! 評価には，定性的な項目があります。このため，人によっては評価が分かれてしまいます。何段かの評価を行うとともに，評価に大きなずれがある場合は協議して調整します。

Q3 評価して差をつけたくありません。

⇒ 一生懸命やろうとする人が だんだんいなくなる可能性を考えた ことはありますか。

社長
「みんな一生懸命やっているから，評価して差はつけたくありません。昇給や昇格などは年功序列が良いです」

宮内
「勤続年数により，同じように昇給して，勤続年数をもとに昇格していくのは，差がつかなくてわかりやすいと思います。しかし，それだけでは一生懸命仕事をしても，しなくても同じように上がってしまいますので，一生懸命やろうとする人がだんだんいなくなります。やはり，きちんと評価をすることが必要です」

Check! 社員全員が同等の力量を持つとは限りません。そのため，仕事の成果に差がつくことがあります。人事考課で，きちんと仕事内容を評価するのが公平です。

第3節　目標管理の仕組み

1　目標管理とは

　目標管理は，上司が部下に対して，会社の方針に基づいた部門の目標を説明し，部下は，半年あるいは1年間の仕事の目標を作成して，それを実施していくものです。この制度により，会社の目標を確実に達成することができます。

2　目標管理のメリット

　目標管理には，次のようなメリットがあります。
　第1に，押しつけの目標ではなく，部門の目標に対して個人が自ら目標設定して管理していくことで，やる気につながります。
　第2に，社員1人ひとりの業績や能力の向上度合いを的確に把握し評価することにより，人事査定や人事の処遇に反映させることができます。
　第3に，自ら目標を設定し進めていくことは，自分が中心となった能力開発となります。
　第4に，目標管理についての部門長との進捗面談により部門長の指導，助言に基づき人材育成をすることができます。

3　目標管理の使い方

目標管理の使い方には，次の３つがあります。

(1)　経営計画の個人への展開

第２章で解説したとおり，経営計画は会社の最大の仕組みです。そしてこの経営計画は，会社の経営目標，部門目標，個人目標とリンクしていきます。

すなわち，最終的に経営計画の推進を担うのは個人になります。目標管理によって，押しつけの目標ではなく，部門の目標に対して個人が自ら目標設定して自主管理していくことで，やる気につながります。

(2)　人事考課への利用

社員１人ひとりの業績や能力の向上度合いを目標管理により，的確に把握し，それを公平に評価することにより，賞与等の査定や人事の処遇に反映させることができます。

(3)　社員の能力開発

自らが主体的に目標を設定し進めていくことは，主体的な能力開発につながります。

4　目標管理の進め方

(1)　目標管理の流れ

目標管理のフローは，次のようになります。

目標管理のフロー図

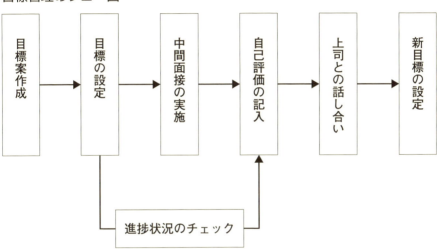

(2)　目標管理表の利用

目標管理制度を導入するにあたり，各社員が目標管理を実施するために，「目標管理表」（以下「管理表」という）を使用します。

(3)　目標設定の基本的な考え方

目標の設定から評価，そして新たな目標の設定に至る過程において，部下と上司は十分な話し合いを持つことを基本とします。

目標の設定については，自己申告をベースとするので，その目標は「自分が何で評価されたいか」という点を十分に認識したうえで行います。

(4) 重点目標の作成

重点目標は部門目標に沿ったものとするため，あらかじめ考課者は（以下「上司」という）は査定対象者（以下「部下」という）に対して，部門目標の説明を行い，上司が部下に対して何を期待し，要求しているかを明らかにします。

上司は部下に対して，何をもって業績に貢献でき，何をもって評価されるべきなのかを十分に考えさせ，そのうえで自己申告させます。

(5) 重点目標の決定

部下は，上司と重点目標の内容について十分な話し合いを行い，重点目標を正式に決定します。また，重点目標を遂行するにあたっての実施期間を「管理表」に明確に記載し，併せて目標達成の時間管理を徹底します。

重点目標は次の点に十分留意して，適時適切なものを設定します。

A．原則として4項目とします。

B．部門目標にリンクしたもので，できるだけ貢献度が明確になるものとします。

C．原則として担当職務内容に応じたものとします。ただし，現在の職務内容以上の目標についても，チャレンジ目標として積極的に設定することを望みます。

D．達成度が明確に把握できるよう，できるだけ定量的なものとします。
　いったん決定した重点目標については，相当な環境変化等の理由がない限り，期中において目標数字等の変更を行わないことを原則とします。

(6) スケジュール

重点目標を達成するために，毎月何を行うかを予定欄に記入し，その月の実績を実績欄に記入します。

(7) 期中の目標管理

　部下は設定した重点目標を常に念頭に置き，目標達成に努力するとともに，達成度については常時自己チェックを行います。

　適時，上司は部下の重点目標の進捗状況をヒアリングし，必要な場合には適切なアドバイスを行い，部下の能力向上に努めます。

(8) 中間面接の実施

　上司は3か月を経過した時点において中間面接を実施し，重点目標の進捗状況をチェックします。

(9) 自己査定の実施

　6か月が経過した時点において，部下に重点目標の「達成度」と結果に対する「自己評価と反省点」を記入させ自己評価による査定を行います。

　その際，上司は部下との話し合いを行い，重点目標として設定した事項以外にも実績等があり，これらの実績についても評価を加える必要がある場合には，「重点目標以外の職務遂行」欄にも実績等を記入させます。

(10) 実績査定

　上司は実績査定を行う前に，各重点目標が部下の職務経験等と比較してどの程度の水準なのか，重点目標ごとに難易度を評価して記入します。項目によっては，目標設定時に比べ外部要因により難易度が変化する場合もあり，これらの要因も考慮に入れます。

　上司は，各重点目標ごとに実績査定を行います。原則的には，1次考課者と2次考課者の2人により実績査定を行います。

　「管理表」の評価結果については，賞与等の実績査定にも使用します。

第6章　総務部門で作る「賃金体系」,「人事考課」,「目標管理」,「社員教育」の仕組み

目標管理表の例

平成○○年度　上期

社員番号	氏名	所属	等級	役職
123456	山田　太郎	工事部	3級	主任

	（本人記入）		スケジュール（月別予定・実績管理）			
	重点目標		4月	5月	6月	7月
1	受注した工事について，実行予算管理一覧表を基に工事の進捗管理を行い，工事全体の平均粗利益は25%を獲得する。	予定	進捗管理の徹底			
		実績	1工事完了し25%確保した。	予定どおり進捗。	予定どおり進捗。	1工事完了し23%だった。
2	資材購入において，従来の購入価格の平均10%コストダウンを図る。そのために，購入先の過去の購入状況を基に交渉していく。また，新たな購入先を購入品ごとに1先は開拓していく。	予定	購買先のリストアップ。	5先コストダウン交渉する。	5先コストダウン交渉する。	新規開拓リストアップ。
		実績	リストアップ完了。	5先交渉し10%ダウンした。	5先交渉し10%ダウンした。	新規リストアップ完了。
3	外注先について，従来の外注費の平均10%コストダウンを図る。そのために，外注費の原価を積算して工事に応じたコスト交渉をしていく。また，新たな外注先を工種ごとに1先は開拓していく。	予定	外注先リストアップ。	3先コストダウン交渉する。	3先コストダウン交渉する。	新規開拓リストアップ。
		実績	リストアップ完了。	5先交渉し10%ダウンした。	5先交渉し10%ダウンした。	新規リストアップ完了。
4	住宅工事完成時に現場見学会を行い，1回の見学会にお客様の来場を20人以上確保し，1件は成約まで持ち込む。そのため，チラシを近隣に2,000枚配布し，現場でのセールスを強化する。	予定	現場見学会の予定		現場見学会の予定	
		実績	現場見学会実施，25人来場	前回の来場者より1件成約	現場見学会実施，20人来場	前回の来場者より1件成約

（追加・変更目標）…中間面接時に記入

5		予定				
		実績				

重点目標以外の職務遂行（期間終了時に本人が記入）

	実績内容	自己評価
1	工事において，不適合の発生を防止するとともに，外注先や資材の手配を予定どおり行い，工事期限を厳守した。	工事において，不適合が一部発生したので，今後不適合の予防を講じていくことにした。工事について，すべて工事期限内に完了させ，予定どおりの利益を出すことができた。
2	受注した工事について，VEを必ず行い該当工事の5%以上のコストダウンを行った。	工事について，VE会議を通じて，VEを実施したことにより，工事全体の利益を2%上乗せできた。これからも，VE会議を有効に継続していく。

目標管理表

年齢	現担当職務	現職務担当期間		1次考課者	2次考課者
34歳	工事施工	12年0ヵ月		○○	○○

		（本人記入）		自己査定	難易度	考課	
8月	9月	達成度	自己評価と反省点			1次	2次
予定どおり進捗。	1工事完了し28％確保した。	1工事当たりの粗利益は、全体で25％確保した。	1工事当たりの粗利益は、全体で目標どおり、25％は確保した。しかし、工事によっては、粗利益が25％を下回るものもあったので、工事内容を見直し、同じような工事で今後25％確保できるようにしていく。	A	3	A	A
5先コストダウン交渉する。5先交渉し10％ダウンした。	5先コストダウン交渉する。リストアップ先3先取引。	購入価格の平均10％コストダウンした。新規先も3先開拓した。	既存購入先の平均購入価格を10％削減することができた。一方、新規購入先の開拓も3先開拓できたので、新規先とのコスト交渉を進めていく。	A	3	A	A
3先コストダウン交渉する。5先交渉し10％ダウンした。	3先コストダウン交渉する。リストアップ先の取引はなし。	外注費の平均10％コストダウンした。新規先は開拓できなかった。	既存外注先の平均外注費を10％削減することができた。一方、新規外注先の開拓はできなかった。外注先の所在範囲を広げて開拓をしていく。	A	3	A	A
現場見学会の予定	現場見学実施、30人来場 前回の来場者より1件成約	現場見学会ごとに来場者は20人以上で、予定どおり見学会ごとに1件成約した。	現場見学会において、それぞれ1件成約することができた。今後はチラシ内容を見直して、見学来場者をさらに増やしていき成約数を増加させたい。	S	4	S	S

自己査定	難易度	考課	
		1次	2次
A	2	B	B
A	2	B	B

＊自己査定欄、難易度欄は以下の基準により記入すること。

□自己査定
- S…大きく目標を上回る
- A…やや目標を上回る
- B…目標どおり
- C…やや目標に劣る
- D…大きく目標に劣る

□難易度
- 4…大変困難
- 3…やや困難
- 2…相応
- 1…やや容易

5　目標管理を作っていない会社

　会社として，売上などの目標数字や施策は立てているものの，その目標数字を具体的に個人に割り当てず，また施策の担当者も決めておらず，ただひたすら，みんなで全員営業といって進めています。

　このため，誰かがやってくれるだろうという考えになり数字や施策に責任をもたないといった状態となり，結果として目標を達成できません。

6　目標管理を作っていない会社の社長へ

Q1　会社として個人の目標設定まで求めていません。

⇒ **個人レベルの目標設定がなければ，会社全体の目標も全社員に浸透しません。**

社長
「会社の目標は設定していますが，個人の目標までは設定しません」

宮内
「会社の目標は，会社としての大きな目標なので，社員個人は自分はその目標に対して，どのように関わっていくかわかりません。個人レベルまで目標設定していくと会社全体の目標が全社員に浸透していきます」

Check!　会社としての大きな目標があっても，それだけでは，全社員の目標として，なかなか捉えられません。部門目標，そして個人目標を持つことで，会社の目標が全社員の目標にまで浸透していきます。

Q2 全社員に目標を書かせるのは大変です。

⇒ 目標を書けば,それは決意となり忘れません。手間はかかりますが,文書にしましょう。

社長
「全社員に目標を書かせて管理していくのは手間がかかり大変なのでできません」

宮内
「目標を書くということは,そこで,自分のやるべきことを文書で上司と自分にコミットするということです。そうするとそれは決意となり,忘れずに果たそうとします」

Check! 口頭で済ますことも可能だとは思います。しかし,文書にすると,いつでも振り返りができます。手間がかかる分,その効果は高いといえます。

Q3 どうしても文書を書くことが苦手でできない社員もいるのですが……。

⇒ 文書の作成はいろいろな場面で役立ちます。苦手意識を克服して，相手に伝える手段と考え実施しましょう。

社長
「工場では，普段文書を書くことはほとんどありません。このため，目標管理表の作成は難しいと思います。」

宮内
「なるほど，普段文書を書く作業をしていない人には，なかなか大変だと思います。しかし，作業手順書を始めとして，記録として残すことも大切な仕事になります」

Check! 文章を書くことが求められる作業は，いろいろな場面で出てきます。また文章が書けなければ，技能伝承もできません。製造に関わる報告書を書くこともできません。苦手意識を持たず伝える手段と考え書いていきましょう。

第4節　社員教育の仕組み

1　社員教育とは

　社員教育は，企業にとって重要な課題です。社員教育をしなければ，スキルが進歩せず常に同じことしかできません。社員教育をしていくことで，上級の仕事をしたり，他の仕事をしたり，他部門の仕事も可能となります。社員教育は，そうした仕事力をアップするための教育です。

2　社員教育のメリット

　社員教育には，スキルマップを使った方法（次ページ参照）があり，次のようなメリットがあります。
　第1に，社員のスキルの現状が把握できます。
　第2に，スキルマップにより，次に目指すステップがわかります。
　第3に，全体のスキルアップを目指すことでマルチスキル化が推進できます。
　第4に，マルチスキル化により，個人でマルチな仕事ができるようになり仕事の効率化が進みます。

3　社員教育の進め方

　社員教育の進め方は，次のとおりです。
(1)　スキルマップの作成
　スキルマップは，各部門で必要なスキル（知識，技能）を選択し，現在

の個人別の能力を図表にしたものです。体系的に部門に必要な能力を知ることができ，能力開発に役立ちます。

スキルマップは，次の手順で作成します。

1. 各部門において，どのようなスキルが必要なのかをカードなどに書き出します。
2. 仕事単位を分類し，さらに要素単位にまとめます。
3. 必要に応じ要素をさらに作業単位までまとめます。
4. 選択した要素単位ごとに仕事の難易度を設定します。具体的な例としては，次のようにします。

    A…難しい　B…普通　C…容易

5. 選択した要素ごとに現在のスキルの評価をします。具体的な例としては，次のようになります。

    ●…指導できる　◎…一人でできる　○…少しできる
    △…ほとんどできない　無印…できない

スキルマップ表（印刷会社の例）

要素	基本ソフト	DTP基礎	プレス基礎	製版基礎	製造の基礎	設備管理	データ管理	進行管理	見積り	デザイン	5S運動	パソコン	報・連・相	積極性	挨拶	指導力
氏名＼難易度	A	A	A	A	B	A	A	A	A	B	B	C	C	C	C	A
山田太郎	○	●	△	△	△	○	○	○	△	○	○	○	○	○	○	○

●…指導できる，◎…一人でできる，○…少しできる，△…ほとんどできない，無印…できない

(2) スキルアップ計画・実績表に基づくスキルアップとマルチスキル化

スキルアップ計画・実績表で，指導を受ける者と指導者を決め，スキルマップ表に基づいて，年間計画を立てて計画的に教育していきます。

スキルアップ計画・実績表（印刷会社の例）

製造部門		スキル名		基本ソフトの習得							
被指導者	指導者	現在スキル	目標スキル	区分	4月	5月	6月	7月	8月	9月	10月
山田太郎	井上達夫	△	○	計画	→	→	→	終了			
				実績	→	→	→	○			

4　社員教育を行っていない会社

社員の教育にあまり関心がない会社の社長は，社員は現場作業の中で仕事を覚えていくものだと考えています。こうした会社では，作業現場に卓越した技能を持つ先輩がいて，入社してきた後輩に口伝えて教えていくか，あるいは自分の作業を見せて真似させる，「見て覚える方法」になっています。

こうした方法は，いわゆる身をもって覚える方法なので，修得したとすれば，体験を通じて覚えるため，覚えた技能はなかなか忘れません。しかし，見て覚えるまでに，時間が相当かかります。

5　社員教育を行っていない会社の社長へ

Q1 自分のやりたい仕事から覚えてもらっています。

⇒ 仕事は部署で求めている内容の棚卸が第一です。その次に，担当者の技量の把握，足りない部分の教育が基本となります。

社長
「当社は，やりたい仕事を自分で選択して，その仕事を覚えていきます」

宮内
「やりたい仕事から覚えていくのでは計画性がありません。また，会社では，覚えてもらいたい仕事は決まっているはずです。まずは，所属を決めて，そこで覚えるべき仕事を棚卸してください。そして，自分のスキルがどの程度なのかを把握して，足りない部分を修得していきます」

> **Check!** 仕事は，まずは部署で求めている内容の棚卸が第一です。次に，担当者の技量を把握し，足りない部分を教育するという手順が基本です。

Q2 仕事は，見て覚えるものです。

⇒ 指導者がきちんと指導テーマを持ち，指導計画を作成して指導すると，仕事を覚えるのも早くなります。

社長
「熟練者は仕事を持っているので，仕事の修得は，熟練者のそばにいて見て覚えます」

宮内
「もちろん，見て覚えるというのは必要ですが，やはり，指導者がきちんと指導するほうが修得のムダがなく早道です。指導テーマが決まったら，指導者を決めて指導しましょう」

Check! 指導者を決め，指導計画を作成して指導していくことが，一番早く仕事を覚える方法です。

Q3 社員には特定の仕事だけ専門にしてもらうことでよいと思います。

⇒ 他の人，他の部門の仕事をカバーする力がつきません。
マルチスキルの力を持つ人材によって，会社全体で効率的な仕事が行えます。

社長
「社員は特定の仕事ごとに仕事の割り振りをしていますので，その仕事の専門職として育ちます」

宮内
「特定の仕事の専門職として育つと，その仕事については，相当の力を持ち，仕事も正確で早いと思います。しかし，それでは他の人や他部門の人の仕事をカバーできません。マルチスキルの力量があると会社全体として効率的に仕事ができます」

Check! 会社で仕事をする場合，「この仕事だけ」というのでは将来応用が効きません。やはり，オールマイティーに仕事ができるほうが効率的な仕事につながります。仕事のマルチスキル化は本人の能力向上とともに会社にとっても重要な戦力アップとなります。

第7章

経理部門で作る「予算管理」，「実行予算管理」，「資金繰り管理」，「決算書分析」の仕組み

　経理部門で作る仕組みは，予算管理，実行予算管理，資金繰り管理，決算書分析の4つがあります。
　予算管理は，月次ベースで，損益の計画と実績を比較して計数に問題があれば改善していく仕組みです。毎月検証し，改善していくことで，経営目標の数字の達成につながります。
　実行予算管理は，工事などで当初取り決めた実行予算書を予定どおりの支払いで完了するように毎月支払管理する仕組みです。また，実行予算管理によって，工事優先で支払いが先行するのを防ぐ役割もあります。
　資金繰り管理は，資金の収入と支出について，6か月程度まで先行管理して，資金ショートをしないようにする仕組みです。売上が上がっていても現金として入ってこなければ仕入代金などの支払いはできません。このため，収支の見張り番として資金繰り管理を行います。
　決算書分析は，決算書を通して1年間の経営が計数面から問題がないかを分析する仕組みです。決算書は，会社の通信簿です。決算書のなかみがわからなければ，次の年度をどのように対応していけばよいかがわかりません。決算書という通信簿のなかみをきちんと分析し，それをもとに経営に活かしていくことは大切になります。

第1節　予算管理の仕組み

1　予算管理とは

　予算管理は，予算管理表をもとに計画と実績を対比して月別に詳細に管理していくものです。予算管理表で計画と実績に差額が生じた場合は原因を分析して，差額解消に向けて対策を講じます。

2　予算管理のメリット

　予算管理には，次のようなメリットがあります。

(1)　経営者のメリット
　　第1に，経営計画の達成状況をリアルタイムで把握できます。
　　第2に，予測される環境変化に注意を払うことができます。
　　第3に，責任を明確にすることができます。

(2)　管理職のメリット
　　第1に，何をすれば良いのか行動基準や目標が明確になります。
　　第2に，業績を測定する基準が明確になります。

(3)　一般社員のメリット
　　第1に，目標数値が明確になります。
　　第2に，費用を意識した行動が選択できます。

3　予算管理の進め方

予算管理は，次のように行います。

(1)　年度予算の作成

年度単位の目標利益計画を基準に作成します。

支店がある場合は，支店単位で予算管理を行います。

よく，本社と支店を一緒にして管理し，支店からは月次の売上のみを本社に報告して終わりにしているケースがあります。これでは，どこで利益が出ているのか，あるいは損失が出ているのかがわからず，また責任の所在も曖昧になります。そうならないよう，全社レベルの予算管理だけでなく，支店単位の予算管理が必要です。

支店単位の予算管理を行う場合，本社経費の取扱いに留意します。基本的には，本社経費は，本社で予算管理をします。よく，本社経費を支店に配分している例をみかけますが，その場合は，配分基準を明確にし，各支店で不公平のないように注意を払う必要があります。

また，本社経費を支店に配分したとしても，あくまでもその管理は本社であることを忘れてはいけません。

(2)　月次予算の作成

基本的には，年度予算を月次単位に割り振っていきます。

ただ，季節変動のある会社は，過去何年かの季節変動の実績を分析し，来期の変動要因を考慮して割り振りをするなどの工夫が必要です。

予算管理表としては，当月までの累計の計画，実績，差額と月別の計画，実績，差額を作成していくのが一般的です。

(3) 月次決算の実行（試算表の作成）

中小企業の場合は，顧問税理士から年に一度決算書が送られてくるのみで，月次の試算表がないところが少なくありません。これでは，年に一度の決算にならないと儲かったのか損したのかがわからず，その間，何もできないことになります。

試算表は，計画経営には必須です。試算表がない場合には，この予算管理を始めるのを機会に作ってください。

また，たとえ試算表ができていても支店単位で作成されていない場合があります。その場合は，伝票の起票段階で支店単位に区別するなどの事務手続きの変更をして支店単位に試算表ができるようにします。

(4) 差額分析

計画と実績に差額が生じた場合は，その原因分析をしなければなりません。この部分をおろそかにしていたのでは，予算管理をやる意味がありません。

計画と実績に差額が生じた場合は，仕事のやり方に問題がなかったか，決まったことを実行していたか，方針に間違いはなかったかを検討していきます。

そして，原因が把握できたら，その対策を早急に実施することです。

仕事のやり方が悪かったり，決まったことを実施していなかったり，あるいは方針に間違いがあったりした場合は，責任者を指導し，軌道修正していきます。

一般的に予算が未達の場合は，取引先や環境のせいにしてしまいがちです。こうした理由で安易に予算を修正してしまうと，当初の利益目標は当然不可能となります。天災地変などの不測の事態には，予算の下方修正が必要となりますが，極力最小限にとどめるようにします。

予算管理表の例

(単位:百万円)

項　目	年度予算	当月までの累積			○月			○月		
		計画	実績	差額	計画	実績	差額	計画	実績	差額
1．売上高	12,000	1,000			1,000			1,000		
2．売上原価	8,400	700			700			700		
材料費	3,000	250			250			250		
労務費	3,000	250			250			250		
外注費	1,200	100			100			100		
経費	1,200	100			100			100		
売上総利益	3,600	300			300			300		
3．販売費及び一般管理費	2,400	200			200			200		
人件費	1,200	100			100			100		
賃借料・リース料	840	70			70			70		
旅費・交通費	240	20			20			20		
その他経費	120	10			10			10		
営業利益	1,200	100			100			100		
4．営業外損益	600	50			50			50		
支払利息・割引料	600	50			50			50		
その他損益	0	0			0			0		
経常利益	600	50			50			50		
差異対策										

4　予算管理を行っていない会社

　毎年売上目標を設定し，それを目標に毎月売上実績を管理しています。売上の管理が中心で，売上が伸びると喜び，逆に売上が下がると悲しむといった社内の雰囲気になっています。

　また，売上目標のみの管理のため，損益ベースでの予算管理はしていないので，諸経費が増加したりすると，売上目標を達成したとしても，損益ベースで赤字になる場合もあります。

5　予算管理を行っていない会社の社長へ

Q1 忙しくて予算管理はできません。

⇒ **実績管理だけでは成り行き管理にすぎません。計数と実績との差を比較することが重要です。**

社長
「毎月の損益の実績管理で十分です。忙しいので，予算を作成して管理していられません」

宮内
「実績管理だけでは，結果だけの管理になります。これですと，これだけ売れこれだけ利益が出たなどの数字でしかありません。目標もなく単なる成り行き管理になってしまいます」

Check! 会社としては，常に計数の計画と実績の比較管理が重要です。比較することで，その差の問題点を検討し是正していくことができます。

Q2 予算管理をしても計画どおりにはなりません。

⇒ 予算管理で,計画と実績の差額の原因を追及できます。原因がわかれば問題点の改善につながります。

社長

「毎月予算管理をしても,実績は計画どおりになりません」

宮内

「なるほど,予算管理をしても,必ずしも実績は計画どおりにはなりません。しかし,計画を目指して努力することにはなります。また,計画と実績が異なれば原因追及をします。これにより,次月以降に計画と実績の差額を改善していきます」

Check! 予算を作るということは,実績と常に比較する仕組みを作るということです。計画と実績を常に比較していけば,問題点も見えてきます。そして,見えてきた問題点を解決していくことで,計画どおりの計数に近づくことができます。

第2節　実行予算管理の仕組み

1　実行予算管理とは

　建設業などでは，受注工事ごとに自社の費用ならびに外注先等の費用をもとに，予算を組み実行予算書を作成し，この実行予算書をもとに，工事の出来高に従って支払計上しています。

　実行予算管理のポイントは，成り行き的な支払いを防止するため，実行予算管理一覧表を作成し，支払管理することです。

2　実行予算管理のメリット

　実行予算管理一覧表は，予算に対し，月々の支払いと残りの支払予定額を常にチェックしていくシステムです。

　この一覧表をもとに毎月，当初予算に対し，進捗率に応じて支払った額と今後発生する支払残高が最終的にオーバーするのかを検討し，オーバーする場合には，ただちに対策を講じることができます。

3　実行予算管理の内容

　1で述べたとおり，成り行き的な支払いを防止するために，実行予算管理は，実行予算管理一覧表を作成して支払管理していきます。

　そして実行予算管理一覧表は，もともとの予算に対し，月々の支払いと残りの支払予定額を常にチェックしていくシステムで，具体的には，経営会議で，この一覧表をもとに毎月，当初予算に対し，進捗率に応じて支払

った額と今後発生する支払残高が最終的にオーバーするのかを検討し，オーバーする場合に，ただちに対策を講じるものです。

この実行予算管理一覧表には，次のような項目を記載します。

(1) 予　算
- 材料費，労務費，外注費，経費の明細とその合計
- 利益額
- 利益率

(2) 工事進捗率

工事の現時点の工事全体からみた進捗率

(3) 工事のいままでの支払済の累積

材料費，労務費，外注費，経費の明細とその合計

(4) 工事の今後の支払予定の累積

材料費，労務費，外注費，経費の明細とその合計

(5) 工事の総支払

工事の支払済の累積と支払予定の累積の合計

(6) 工事の利益額

工事の請負額から総支払を差し引いた金額

(7) 工事の利益率

工事の請負額に対する実際の工事の利益額の割合

実行予算管理一覧表の例

工事名	担当	工期	請負額	予算							工事進捗率(%)	支払済の累積				
				材料費	労務費	外注費	経費	合計	利益額	利益率(%)		材料費	労務費	外注費	経費	合計
○	○	○	1,000	500	300	100	50	950	50	5	50	250	150	50	25	475

（単位：百万円）

支払予定の累積				総支払	利益額	利益率(%)
材料費	労務費	外注費	経費	合計	合計		
250	150	50	25	475	950	50	5

4 実行予算管理の進め方

実行予算は，次による管理を徹底していきます。

(1) 工事着工前に，必ず実行予算書を作成

実行予算書を作成せず，急ぎの工事だからということで進めてしまうことがあります。こうした実行予算を工事着工後に作成したり，省略したりしている工事は，必ずといっていいほど赤字工事になっています。

(2) 工事着工前会議を徹底

実行予算書を作成した後，経営会議で，工事の採算と運営上の問題点を検討します。

(3) 目標利益を下回る工事

経営会議で，VE（Value Engineering：価値工学）などを検討してさらなるコストダウンを目指します。

(4) 支払いの精査

実行予算どおりの支払いかどうか，支払い時に検証します。

(5) 実行予算管理一覧表による中間チェック

実行予算管理一覧表により，毎月工事の採算状況を検証していきます。

(6) 工事の精算

工事が完了した場合に，工事精算書を作成します。この精算書は工事の実際の支払明細を記載します。この精算書と実行予算書を比較して実行予算どおりか検証します。

工事の実際の支払いが実行予算を上回った場合は，原因を追及し今後の工事の対策を講じます。

5 実行予算管理を行っていない会社

工事の出来高に従って支払いをしています。しかし，ただ漫然と出来高で工事外注先に支払っているため，工期延長や想定外の難工事の発生で，予定外の支払いが増加し最終的に赤字になる場合が多々あります。

その結果として，工事の赤字が決算の赤字につながっていきます。

6　実行予算管理を行っていない会社の社長へ

Q1 工事の進行管理のみ行っています。

⇒ 実行予算管理ができていないと，気付いたら赤字工事だったということになりかねません。

社長
「工事の進行管理だけで大変なので，月次の工事の実行予算管理はできないです」

宮内
「工事の進行は大切です。しかし毎月予算どおりの支払いかどうかを管理しないと，工事している中で支払いが嵩むことがあります。その結果，赤字工事となりますので，月次ベースの工事の実行予算管理をしていただきたいと思います」

Check!　工事の進行管理も大事ですが，予算どおりの支払いとなっているかという実行予算管理も大切です。

第7章 経理部門で作る「予算管理」,「実行予算管理」,「資金繰り管理」,「決算書分析」の仕組み

Q2 工事の完了時には,工事精算書を作成して工事終了としています。

⇒ **実行予算をもとに工事を進め,工事完了による支払いの結果が工事精算書になります。この工事精算書をもとに実行予算どおりか内容を分析すべきです。**

社長

「工事が終了した際には,実際にかかった支払いの明細を計算した工事精算書を作成して,工事の事務処理を完了としています」

宮内

「実行予算の管理としては,最終の工事の支払明細である工事精算書と実行予算書を比較して,実行予算どおりに進んだのかを検証することが重要です」

Check! 工事精算書は,1工事当たりの決算書となります。これをもとに,実行予算に対して予定どおりの支払いとなったのかきちんとなかみを分析し,問題があれば改善策を検討し,次の工事に活かしていくことになります。

第3節　資金繰り管理の仕組み

1　資金繰り管理とは

　資金繰り管理は，資金繰り表をもとに，当月実績の資金収支管理を行うとともに，将来の月別の資金収支管理を行っていくものです。

2　資金繰り管理のメリット

　会社の資金管理が成り行き的になっていると，突然資金が足りなくなって取引の金融機関に駆け込むことになります。こうした突然の資金ショートをなくすためには，資金繰り表を作成し，資金調達がいつ必要なのかを把握することが大切です。
　また，資金繰り表により，収支バランスが適切かも検討し，問題があれば内容を見直すことができます。

3　資金繰り表の内容

　資金繰り表は，次のような項目で作成します。

(1)　前月繰越高
　前月の現金の繰越高を記載します。

(2) 収　入

売上現金の回収，受取手形の取立金，前受金，その他収入を記載します。

(3) 支　出

仕入現金の支出，支払手形の決済，外注加工費，人件費，諸経費などを記載します。

(4) 財務収支

① 調　達

手形割引，借入金を記載します。

② 返　済

借入金の返済を記載します。

(5) 翌月繰越高

翌月の現金の繰越高を記載します。

資金繰り表の例

(単位：百万円)

科　目		4月実績	5月予定	6月予定	7月予定	8月予定
前月繰越高（A）		1,000	2,880	4,760	6,640	8,520
収入	売上現金回収	2,000	2,000	2,000	2,000	2,000
	受取手形取立金	100	100	100	100	100
	前受金	100	100	100	100	100
	雑収入	10	10	10	10	10
	その他	0	0	0	0	0
	計（B）	2,210	2,210	2,210	2,210	2,210
支出	仕入現金支出	100	100	100	100	100
	支払手形決済	10	10	10	10	10
	外注加工費	10	10	10	10	10
	人件費	100	100	100	100	100
	支払利息・割引料	10	10	10	10	10
	設備資金支払	0	0	0	0	0
	決算関係資金	0	0	0	0	0
	計（C）	230	230	230	230	230
差引過不足（B-C=D）		1,980	1,980	1,980	1,980	1,980
財務収支	調達 手形割引	0	0	0	0	0
	調達 長期借入金	0	0	0	0	0
	調達 短期借入金	0	0	0	0	0
	返済 長期借入金	100	100	100	100	100
	返済 短期借入金	0	0	0	0	0
	差引調達額（E）	△100	△100	△100	△100	△100
翌月繰越高（A+D+E）		2,880	4,760	6,640	8,520	10,400

4　資金繰り管理の進め方

資金繰り表により，次のような管理を行います。
- 売上の回収と仕入れの支払いはバランスがとれているか
- 現金回収と手形回収の割合に変化はないか
- 人件費，経費などの支払いは妥当であるか
- 月別の差引きの過不足に問題はないか
- 借入金の推移に問題はないか
- 手形割引の推移に問題はないか

5　資金繰り管理を行っていない会社

　現金について，販売先等から入金があれば収入として記載し，材料等の仕入先に支払いがあれば支出として記載しています。

　こうした成り行き的な管理をしていると収入が支出を上回っている限りは問題は発生しませんが，支出が先行したり，突然の支出が発生したりすると，資金がショートして資金繰りに行き詰まることがあります。

6　資金繰り管理を行っていない会社の社長へ

Q1 現金の出し入れをつけていますが、これだけで十分では？

⇒ **運転資金が将来必要になるかもしれません。そのときに現金が足りなくなる事態を避けるためにも資金繰り表を作りましょう。**

社長
「資金繰りは、毎月現金の出し入れの帳簿管理で行っています」

宮内
「それだけですと急に運転資金などが必要になっても、現金がないという事態になります。将来どの程度資金が必要になるかを予想できる資金繰り表があると役に立ちます。」

Check!　資金繰り表は突然の資金ショート防止になります。

Q2 資金繰り表は経理が煩雑で大変です。

⇒ **資金繰り表は，円滑な取引金融機関の融資取引をもたらすツールです。**
経理業務においてコストをかける価値があります。

社長
「資金繰り表をつけるとなると，経理の業務が煩雑になって大変です」

宮内
「しかし，現在の現金の収支管理だけですと資金ショートに対応できません。その時慌てて，取引金融機関に行っても，急には対応してもらえません。必要資金がいつどのようなことで発生するのかを資金繰り表で把握していると取引金融機関も安心して相談に乗れます」

Check! 取引金融機関との融資取引がスムーズにいくためにも，資金繰り表による管理は大切です。

第4節　決算書分析の仕組み

1　決算書分析とは

　決算書分析は，決算書をもとに，会社の業績，財政状態，資金繰りを分析することです。

　決算書分析を通じて，業績，財政状態，資金繰りが良ければ問題はありませんが，何らかの問題があれば，改善するために必要な手を打っていきます。

2　決算書分析のメリット

　決算書は，商売上の取引をまとめた表です。この決算書により，会社の業績が良かったのか，悪かったのかを把握することができます。

　また，決算書の勘定科目を通じて，会社の改善点を見つけることができます。例えば，流動資産の製品科目の値が高いと在庫が多いのではないかというように考えていきます。決算書は会社の業況のなかみを知る宝庫なのです。

　また，決算書は毎年作成するので，時系列で業績の推移を見ていくことができ，売上の推移などから市場で会社の製品のシェアが伸びているのか，減少しているのかが把握できます。

　このようにして決算書は，その分析を通じて，会社をどのように舵取りしていくかの判断材料となります。

3 決算書の重要性

　決算書には，主に会社の業績を示す損益計算書と財政状態を示す貸借対照表があります。また，上場企業などでは資金の動きを表すキャッシュフロー計算書も作成します。

　中小企業では，通常は決算書を税務申告や取引金融機関への業績報告書として提出しています。また，社内では1年間の業績報告書として見ています。

　ただ，実際は経営者が売上や利益のみに関心がいき，決算書のなかみがどのようになっているかを詳細に分析することはほとんどありません。

　しかし，決算書には，会社の努力の成果が表れています。そして，経営計画で計画していた計数が得られたのかを検証する資料となります。経営計画で計画していた計数が得られなければ，財務面で何が問題だったのかを決算書をもとに分析します。決算書の結果次第では経営計画の見直しもしていきます。

　このように，決算書は，会社にとって非常に重要な資料となります。

4 決算書の「3表」のなかみ

　決算書における代表的なものに，次の3つの表があります。

> 1．損益計算書…会社の経営成績を表します。
> 2．貸借対照表…会社の財政状態を表します。
> 3．キャッシュフロー計算書…会社の資金繰り状態を表します。

　以下では，この3表について説明いたします。

(1) 損益計算書

損益計算書は，経営した結果，1年間で儲かったのかあるいは損したのかがわかる報告書です。

損益計算書は，大きな項目で分けると，売上高，売上原価，販売費及び一般管理費，営業外収益，営業外費用，特別利益，特別損失から成り立っています。

つまり，売上から費用項目を減算し収益項目を加算して，1年間の利益を計算しています。

ここで利益が出なければ，1年間会社経営した結果として，赤字になってしまったということです。逆に，売上を下回る費用の場合は利益が出たということになります。

損益計算書の構成と主要な勘定科目は次のとおりです。

① 売上高

売上高の大きさは，会社の規模に連動しています。売上高が大きいということは，それだけ会社の規模が大きいということです。

② 売上原価

販売業の場合は，仕入高が売上原価となります。

製造業の場合は，材料費，労務費，外注費，経費が売上原価となります。

③ 売上総利益

売上総利益は，売上高から売上原価を減算したものです。これは，**会社の製品力を表しています。**

④ 販売費及び一般管理費

営業活動に直接かかる費用をいいます。広告宣伝費等の販売に関わる費用と人件費等の管理に関わる費用があります。

⑤ 営業利益

営業利益は，売上総利益から販売費及び一般管理費を減算したものです。これは，**本業の営業活動での成果を表しています。**

⑥　営業外収益と営業外費用

　営業活動以外で生ずる受取利息などの利益が営業外収益，営業活動以外で生ずる支払利息などの費用が営業外費用です。

⑦　経常利益

　経常利益は，営業利益に営業外収益を加算し営業外費用を減算したものです。これは，**経営活動の成果を表しています。**

⑧　特別利益と特別損失

　固定資産売却益などの特別利益と固定資産売却損などの特別損失があります。

⑨　税引前当期純利益

　経常利益から，特別利益を加算し特別損失を減算したものです。これは，**全活動の成果を表しています。**

⑩　税　　金

　法人税等の税金です。

⑪　当期純利益

　税引前当期純利益から税金を減算したものです。これは，**最終の成果を表しています。**

　こうした各科目の中で会社の稼ぐ力を判断するうえで注目するのは，「売上総利益」と「営業利益」です。

　売上総利益は，売上高から製造した製品の費用を減算した後の利益で，「製品の稼ぎ出す力」を表しています。

　伸びている会社は，市場で評価される優れた製品を持っているため，取引先から高く評価されて販売単価も高く，販売量も増え，利益額が大きくなります。

　営業利益は，売上総利益から販売費及び一般管理費を減算した後の利益であり，「会社の営業力」を表しています。

伸びている会社は，製造から販売までのビジネスモデルが優れているために，この利益が大きくなります。

損益計算書で注意する点

1．利益項目は適切か
  (1) 売上総利益，営業利益，経常利益，税引前当期純利益，当期純利益という5つの利益項目はプラスになっているか
  (2) 5つの利益項目は，時系列で大きな変動はしていないか
  (3) 5つの利益項目は，それぞれ売上高に対して業界平均以上の比率になっているか
2．勘定科目は適切か
  (1) 各勘定科目は，時系列で大きな変動はしていないか
  (2) 各勘定科目に特出した値はないか
  (3) 材料，仕掛品，製品の棚卸高について，時系列で大きな変動が生じていないか

損益計算書の例

科　目	金額（千円）	
売上高	335,000	
売上原価	234,000	
材料費	50,000	
労務費	76,000	
外注加工費	83,000	
経費	25,000	
売上総利益	101,000	← 黒字か
販売費及び一般管理費	84,000	
人件費	49,000	
賃貸料	5,000	
租税公課	10,000	
減価償却費	5,000	
旅費交通費	5,000	
その他経費	10,000	
営業利益	17,000	← 黒字か
営業外収益	0	
受取配当金	0	
営業外費用	5,000	
支払利息	5,000	
経常利益	12,000	← 黒字か
特別利益	0	
固定資産売却益	0	
特別損失	0	
固定資産売却損	0	
税引前当期純利益	12,000	← 黒字か
税金	4,800	
当期純利益	7,200	← 黒字か

(2) 貸借対照表

貸借対照表は，会社の決算期時点の財政状態を示した報告書です。

貸借対照表は，資産の部，負債の部，純資産の部から成り立っています。左側に資産を記載し，右側に負債と純資産を記載します。

純資産は，出資金である資本金や毎年の利益を積み重ねたものが記載されたものですが，資産の部より負債の部が大きい場合には，純資産の部の利益の部分が損失に変わり純資産の部の合計がマイナスになります。この場合は，債務超過と呼ばれます。会社の資産に対して，負債が上回りいわゆる借金過多の状態です。

貸借対照表の構成と主要な勘定科目は次のとおりです。

① 流動資産
　i 当座資産（現金預金，売掛金，受取手形，その他）
　　現金預金：当座の支払資金や借入金返済などの支払準備として計上されます。
　　売掛金・受取手形：売掛金は，製品等を販売してその代金の受け取りを先に延ばしたものです。受取手形は，商品等を販売してその代金について支払期日と金額を記載したものです。
　　その他：有価証券等
　ii 棚卸資産（製品等の在庫）
② 固定資産
　i 有形固定資産（通常建物，機械装置，土地など）
　ii 無形固定資産（電話加入権やソフトウェア利用権など）
　iii 投資その他の資産（投資有価証券や出資金など）
　（注） 資産には，流動資産，固定資産のほかに開発費などの繰延資産もあります。

③ 流動負債
  i　買掛金・支払手形
　　これは売掛金・受取手形とは反対のものです。買掛金は，製品等を購入してその代金の支払いを先延ばしにしたものです。支払手形は，商品等を購入してその代金について支払期日と金額を記載したものです。
  ii　その他（短期借入金，未払金，未払費用，前受金，未払法人税など）
④ 固定負債
  i　長期借入金
　　返済が1年以上先の借入金が対象となります。
  ii　引当金
　　将来の支出や損失に備えて計上するもので，退職給付引当金などがあります。
⑤ 純資産
　　資本剰余金，利益剰余金などがあります。

貸借対照表で注意する点

1．売掛金は適切か

　　売上の増加に伴い，売掛金が大きくなっていることがあります。売掛金はきちんと回収できるのか見る必要があります。売上が増えても現金回収できなければ，大きな損失になってしまうからです。そのため，「**与信限度**」や「**売掛金回収のシステム**」を構築していく必要があります。

2．在庫は適切か

　　製品，仕掛品，材料などの在庫が過大になっていることがあります。これは，必要以上に生産をしていたり，必要以上に仕入れをしていたりするためです。在庫があるということは，それだけ資金負担になります。さらに，保管スペースを取り，不良在庫となることもあります。自社の「**適正在庫**」を決めて，余分な在庫を持たないようにすることは大切です。

3．買掛金は適切か

　　支払いが増加したり，支払サイトが長くなったりして買掛金が大きくなっていることがあります。資金繰りが苦しくなるほどに買掛金が大きくなっていないか見る必要があります。

4．借入金は適正か

　　借入金の基本は収益弁済できる金額であることです。

　このため，「当期純利益＋減価償却費」で元金返済額が返済できることが大切です。借入金は，将来会社の予想利益の前借りとも考えられます。利益が予想どおりにいかないことも想定して借りる必要があります。

第7章 経理部門で作る「予算管理」,「実行予算管理」,「資金繰り管理」,「決算書分析」の仕組み

貸借対照表の例

(単位:千円)

資産				負債・純資産		
流動資産			121,000	負債		189,000
	当座資産		100,000		流動負債	35,000
		現金・預金	50,000		支払手形	10,000
		受取手形	5,000		買掛金	8,000
		売掛金	40,000		短期借入金	12,000
		有価証券	5,000		未払金	2,000
		その他	0		未払税金	0
	棚卸資産		14,000		未払費用	0
		商品・製品	7,000		前受金	0
		原材料・仕掛品	7,000		賞与引当金等	0
		その他	0		その他	3,000
	その他流動資産		7,000		固定負債	154,000
		未収入金	0		長期借入金	154,000
		前払費用	7,000		退職給付引当金	0
		仮払金	0		その他	0
		その他	0	純資産		50,000
固定資産			118,000		資本金	30,000
	有形固定資産		75,000		資本剰余金	0
		建物・構築物	45,000		利益剰余金	20,000
		機械装置等	13,000			
		土地	17,000			
		その他	0			
	無形固定資産		0			
	投資その他の資産		43,000			
		投資有価証券	0			
		その他	43,000			
繰延資産			0			
資産合計			239,000	負債・純資産合計		239,000

(左側「売掛金」へ矢印:適正な額か)
(右側「買掛金」「長期借入金」へ矢印:適正な額か)

244

(3) キャッシュフロー計算書

キャッシュフロー計算書は，経営活動の結果お金がいくら残ったかを表す報告書です。

現在は，上場会社など有価証券報告書の提出が義務づけられている会社では作成していますが，それ以外の中小企業などでは，任意で作成しています。

① キャッシュフロー計算書でわかること

キャッシュフロー計算書によって，現金の流れが把握できます。

また，利益計上されたものが入金済みかがわかります。さらに金融機関からの借入金に対しての返済能力がわかります。

② キャッシュフロー計算書のなかみ

キャッシュフロー計算書は，4つの項目に分けられます。

> ⅰ 営業活動によるキャッシュフロー
> ⅱ 投資活動によるキャッシュフロー
> ⅲ 財務活動によるキャッシュフロー
> ⅳ 期首と期末の現金残高と期間の増減

なお，営業活動によるキャッシュフローの形式には，間接法と直接法がありますが，間接法の作成がほとんどなので間接法で説明します。

ⅰ 営業活動によるキャッシュフロー

営業活動によるキャッシュフローは，通常の営業活動で生じた現金を表しています。材料を仕入れ，工場で加工し製品を作り，製品を販売するまでの経営活動の中で発生した現金の動きを記載しています。

営業活動によるキャッシュフローでは，税引前当期純利益に対して，営業活動で生じた科目で費用や収益を計上していても現金の収支と連動しない科目を加減算して算出します。

主に,次のような内容があります。

> 減価償却費:資産価値の減少に対して毎年費用計上して引き落としますが,現金支出はないので加算
> 貸倒引当金:費用計上しますが,現金支出はないので加算
> 固定資産売却損益:売却損益ですが,売却代金は「投資活動によるキャッシュフロー」で表示されるため,売却益は減算し売却損は加算
> 売上債権の増加:現金は入らないので減算
> 仕入債務の増加:現金が出ていかないので加算
> 棚卸資産の減少:現金が入るので加算

※ 「営業活動によるキャッシュフロー」は,本業での活動から生じた部分なので多いほど良いといえます。マイナスの場合は,資金繰りが厳しいと考えます。

ⅱ 投資活動によるキャッシュフロー

投資活動によるキャッシュフローは,設備の更新,土地や有価証券の購入や売却などで発生した現金を表しています。

投資活動によるキャッシュフローは,営業活動によるキャッシュフローの後に記載します。

投資活動で発生した現金に関わる科目を加減算して算出します。主な科目としては,次のようなものがあります。

> 固定資産売却の収入:不要資産の売却等で現金収入となり加算
> 固定資産取得の支出:設備や土地の購入等で現金支出となり減算
> 投資有価証券売却の収入:株式や債券等の売却で現金収入となり加算
> 投資有価証券取得の支出:株式や債券等の購入で現金支出となり減算

※ 「投資活動によるキャッシュフロー」は,設備投資など将来に対し投資して

いる企業はマイナスになります。このため，投資内容がどのようなものか検証していくことが大切です。

iii 財務活動によるキャッシュフロー

財務活動によるキャッシュフローは，金融機関からの借入金収入や借入金返済で発生した現金を表しています。

財務活動によるキャッシュフローは，投資活動によるキャッシュフローの後に記載します。

財務活動で発生した現金に関わる科目を加減算して算出します。主な科目としては，次のようなものがあります。

借入金の収入：金融機関からの借入による現金収入
借入金の返済支出：金融機関への借入金の返済による現金支出

※ 「財務活動によるキャッシュフロー」は，主に金融機関からの借入と返済によりプラスになったり，マイナスになったりします。大きな動きがある場合には注意が必要です。

iv 期首と期末の現金残高と期間の増減

これは，営業活動キャッシュフローと投資活動キャッシュフローと財務活動キャッシュフローを合計した数字を現金及び現金同等物の増減額とし，現金及び現金同等物の期首残高を加算して，現金及び現金同等物の期末残高を算出します。

※ この期末残高は，プラスでないと資金繰りに支障をきたします。この期末残高は，企業規模に見合った運営資金として確保していなければなりません。

③ キャッシュフローから見た企業のタイプ

営業キャッシュフローと投資キャッシュフローを合計したものをフリーキャッシュフローといいます。

フリーキャッシュフローは，会社が利用できるお金です。

このフリーキャッシュフローは，「お金の余力度」を示し，この数値が高ければ「お金の余力度」が高いことを表します。そのお金で借入金を返済したりします。

会社をキャッシュフロー計算書でタイプ分けする場合は，このフリーキャッシュフローの内容から，下記により判断していくことができます。

キャッシュフロー計算書で注意する点

キャッシュフロー計算書で黒字倒産を防止します。

「勘定合って銭たらず」ということで，売上代金がきちんと入ってこなくて，期日に仕入代金や経費が払えなくなると資金繰りがつかなくなると倒産に至ります。

利益だけ見ているとこうしたことがわかりません。

キャッシュフロー計算書で資金状況をきちんと管理します。

キャッシュフローのタイプ別診断

		営業キャッシュフロー	投資キャッシュフロー	フリーキャッシュフロー
1	結果	＋（プラス）	＋（プラス）	＋（プラス）
	評価	レベル：良い すべてがプラスであり、金額の大きさにもよりますが、現状としては安定して成長しています。		
2	結果	＋（プラス）	－（マイナス）	＋（プラス）
	評価	レベル：やや良い 営業キャッシュフローで投資部分をカバーしているため、投資内容によりますが、成長基調にあります。		
3	結果	－（マイナス）	＋（プラス）	＋（プラス）
	評価	レベル：やや悪い 営業キャッシュフローのマイナスを投資の資産等を売却してカバーしてフリーキャッシュフローがプラスになっていますので問題企業とみることができます。		
4	結果	＋（プラス）	－（マイナス）	－（マイナス）
	評価	レベル：普通 営業活動で現金を増加させていながらも、設備等に投資していますので積極的な姿勢が見えます。ただし、投資内容に問題があったり、過大であれば問題があります。		
5	結果	－（マイナス）	＋（プラス）	－（マイナス）
	評価	レベル：悪い 営業活動で現金を減らし、それを投資の資産等を売却してカバーしようとしていますが、カバーできない状況です。このため、事業が下降している可能性があります。		
6	結果	－（マイナス）	－（マイナス）	－（マイナス）
	評価	レベル：相当悪い 営業活動でも現金を減らし、さらに投資に関わる支出もしているため、相当資金繰りが厳しくなっていると見ることができます。		

キャッシュフロー計算書の例

(単位:百万円)

項目	金額	
Ⅰ．営業活動によるキャッシュフロー		
税引前当期純利益	500	
減価償却費	20	
貸倒引当金	20	
固定資産売却益	−30	
固定資産売却損	30	
売上債権の増加	−50	
仕入債務の増加	50	
棚卸資産の減少	50	
営業活動によるキャッシュフロー	590	← マイナスは資金難
Ⅱ．投資活動によるキャッシュフロー		
固定資産売却の収入	50	
固定資産取得の支出	−50	
投資有価証券売却の収入	20	
投資有価証券取得の支出	−20	
投資活動によるキャッシュフロー	0	← 投資は適正か
Ⅲ．財務活動によるキャッシュフロー		
長期借入金の収入	100	
長期借入金の返済支出	−50	
財務活動によるキャッシュフロー	50	← 変化はないか
現金及び現金同等物の増減額	640	
現金及び現金同等物の期首残高	500	
現金及び現金同等物の期末残高	1,140	← プラスか

(4) 損益計算書と貸借対照表の比率分析

会社の実力をみるには、損益計算書と貸借対照表について、次の3つの分析を行います。

> ① 収益性の分析…会社がどの程度儲かっているか
> ② 安全性の分析…会社の財政状態に問題がないか
> ③ 成長性の分析…会社が今後成長していけるかどうか

① 収益性の分析

収益性の分析とは、会社がどの程度の利益を上げているかを見ていくものです。この分析により、会社の収益力がわかります。

会社の最大の目的は、利益を上げることです。このため、収益性の分析が最も大切な分析となります。

収益性の分析の代表的な指標は、総資本利益率です。

これは、投下した資本に対し、どの程度の利益を上げているかの収益力を総合的に見ていくものです。

収益性の分析の式は、次のようになります。

〈総資本利益率〉

$$総資本利益率 = \frac{利益}{総資本} \times 100$$

この式の利益は,通常会社活動の結果の利益を見ていきます。

通常は,事業活動の主たる収益力を表す経常利益で見ていきます。総資本は,会社の持っている全財産で,貸借対照表上の資産合計額になります。この指標は,高いほど良い数値です。

総資本利益率の指標は,さらに分解し,売上高利益率[注1]と総資本回転率[注2]の2つの指標に分けて企業の収益力を詳細に見ていくことができます。

$$総資本利益率 = \underbrace{\frac{利益}{売上高}}_{(売上高利益率)} \times \underbrace{\frac{売上高}{総資本}}_{(総資本回転率)} \times 100$$

(注1) 売上高利益率

売上高利益率は,売上に対して,利益がどの程度上がったかを意味し,利幅率を表しています。

<u>この比率が高ければ高いほど,その会社は市場で評価されているといえます。</u>

売上高利益率には,発生段階によって売上高総利益率,売上高営業利益率,売上高経常利益率の3つのステップがあります。

第1ステップの「売上高総利益率」は,売上高に対する売上総利益の割合をいいます(売上総利益は,売上高から売上原価を減算したもので,その会社の取り扱う製品がどれだけの利益を確保しているかを表しています)。

売上高総利益率によって,会社の製品力を把握することができます。この売上高総利益率は,一般的には価格競争に巻き込まれている会社の場合は低くなり,価格競争が少ない付加価値のある製品等を販売している場合は高くなります。

第2ステップの「売上高営業利益率」は,売上高に対する営業利益の割合をいいます(営業利益は,売上総利益から販売費及び一般管理費を減算したもので,人件

費，広告費，リース料などの経費の管理状況によって変動します）。

売上高営業利益率は，営業活動の成果として，どれだけ稼いでいるかを把握することができます。

この利益率は，販売費及び一般管理費の削減を徹底していくことにより高くすることが大事です。

第3ステップの「売上高経常利益率」は，売上高に対する経常利益の割合をいいます（経常利益は，営業利益から営業外収益を加算し営業外費用を減算したものです）。

売上高経常利益率は，経営活動の成果として，どれだけ稼いでいるかを把握することができます。

借入金が大きい会社では，支払利息の負担が大きいため，売上高経常利益率は小さくなります。

(注2) 総資本回転率

総資本回転率は，売上に対して，総資本が何回転したかを意味し，回転率は，回転スピードを表しています。

この回転率が高いということは，会社の資産が効率的に運用されていることを示しています。

利益を上げるには，利幅で稼ぐかまたは回転で稼ぐことになります。利幅を上げるにはコスト削減など相当の努力が必要となりますので，回転率を高めるほうが比較的容易です。

回転率を高めるには，例えば，利益を生まない資産（不稼働資産）を売却する，在庫を削減する，売掛金サイトを短くするなどを行います。

② 安全性の分析

安全性の分析とは，資金繰りと財政の安全性を見ていくものです。

この分析により，その企業は支払いがきちんと行われるか，また倒産するおそれがないかがわかります。

資金繰りや財政の安全性といっても，その元は収益です。

収益がでなければ，資金繰りは苦しくなり，その結果財政を維持するのは難しくなります。こうしたことから，長期的に会社を維持するのは，収益性であることを認識する必要があります。

安全性の分析の指標としては，**会社に入る資金と支払う資金のバランスで見るもの**（流動比率，当座比率，現金預金比率），**固定資産と自己資本や固定負債とのバランスで見るもの**（固定比率，固定長期適合比率），**会社の体力を見るもの**（自己資本比率）が代表的です。

〈流動比率〉

$$流動比率 = \frac{流動資産}{流動負債} \times 100$$

この比率は，短期の支払能力を見るものです。

1年以内に現金化できる流動資産と1年以内に返済しなければならない流動負債を比較するものです。

現金化できる流動資産といっても，すべて現金とは限りません。製品の在庫や売掛金や受取手形などもあります。製品などは，現金化できる流動資産といってもすぐ現金化はできません。仮にできたとしても本来の製品価格より下がることがあります。

このため，この比率は，200％以上が理想とされています。

さらに厳しく，短期の支払能力を見るものに次の比率があります。

〈当座比率〉

$$当座比率 = \frac{当座資産}{流動負債} \times 100$$

　流動資産には，在庫である棚卸資産が含まれています。こうした棚卸資産には，陳腐化した製品なども含まれている場合が多くあります。

　このため，現金化しやすい現金預金，売掛金，受取手形，有価証券などの当座資産を流動負債で割ったものとして当座比率があります。

この比率は，100％以上が望ましいとされています。

　当座比率よりも厳しい比率には，次のものがあります。

〈現金預金比率〉

$$現金預金比率 = \frac{現金預金}{流動負債} \times 100$$

　これは，流動資産の中でも現金と預金だけを，流動負債で割ったもので現金預金比率といいます。

この比率は，50％以上が望ましいとされています。

〈固定比率〉

$$固定比率 = \frac{固定資産}{自己資本} \times 100$$

この比率は,建物,設備,機械などの固定資産の投資が資金繰りに問題がないかを見るものです。

ここでは,長期の固定資産が返済の必要のない自己資本で賄われているかを見ます。

このため,**この比率は,100％以下が望ましい**とされています。投資とされる固定資産がすべて自己資本で賄われる状況であれば財務的に安心です。

ただ,一般的には,なかなか自己資本のみではカバーできないのが実情です。

そこで,自己資本に借入金を中心とした固定負債を合わせて,固定資産がカバーできるかを見る比率も活用します。それを見るのが,次の固定長期適合比率です。

〈固定長期適合比率〉

$$固定長期適合比率 = \frac{固定資産}{固定負債＋自己資本（純資産）} \times 100$$

この比率は,100％以下であることが求められます。 この比率が100％を超えてしまうと1年未満で支払わなければならない流動負債でもカバーする必要が生じるために,資金ショートの危険が発生することになります。

〈自己資本比率〉

$$自己資本比率 = \frac{自己資本（純資産）}{総資本} \times 100$$

自己資本比率は,会社の体力を見るものです。

つまり，会社の総資本のうち，どのくらい自社の資本で賄っているかを示しています。

この比率は，30％以上が望ましいと言われています。

この自己資本が少ない場合には，借入金などを中心とした負債で経営が行われていると考えられます。

もちろん，積極的に事業展開していく時や新規開発などで多額の資金が必要な時は，なかなか自己資金だけでは賄うことができません。こうした場合は，借入金を活用することが重要だと思います。

しかし，安易に借入金にばかり頼っていては，返済できなくなったり，支払利息の負担で利益が圧迫されたりします。

このため，収益力を上げて，内部利益を蓄積していくことにより，自己資本を充実させていくことが非常に大切になります。

③ 成長性の分析

成長性の分析とは，会社が成長していく可能性があるかどうかを見ていくものです。会社の成長性が乏しいと長期的には，収益性が悪化し，その結果として安全性が低下していきます。

一方，売上が急成長する会社でも，過大投資や社内インフラが整わず，途中で失速してしまうこともありますのでただ伸びれば良いということではありません。

会社が成長しているかどうかを見分けるには，「売上高の伸び」と「利益の伸び」の2つを見ていきます。

〈売上高の伸び率〉

$$売上高の伸び率 = \frac{当期売上高}{前期売上高} \times 100$$

この比率は,売上高の伸びを見るものです。

この伸び率が安定的に大きければ成長している会社といえます。会社の持つ商品やサービスが顧客に支持されているかどうかの結果が売上高に反映されてくるといえます。

〈利益の伸び率〉

$$利益の伸び率 = \frac{当期利益}{前期利益} \times 100$$

利益は,売上総利益,営業利益,経常利益で見ていきますが,売上高と同様に利益の伸びを見ていきます。

具体的には,「売上総利益の伸び率」,「営業利益の伸び率」,「経常利益の伸び率」の3つを見ます。

この3つ伸び率の関係は,「売上総利益の伸び率＜営業利益の伸び率＜経常利益の伸び率」という関係が望ましいといわれます。

売上総利益の伸び率より営業利益の伸び率が低い場合は,販売費及び一般管理費の負担が前年よりも大きくなっているので,何が増えたのか検証する必要があります。

特に人員増加を示す人件費の増加や設備増加を示す減価償却費やリース料の増加などがないか注意しましょう。

また,営業利益の伸び率より経常利益の伸び率が低い場合は,営業外費

用である支払利息などが増えていないか見てみましょう。

　会社の成長性は次のようなタイプ別に見ることができます。
　i　増収増益タイプ
　　前年よりも売上も利益も伸びている会社です。
　　売上総利益の伸び率＜営業利益の伸び率＜経常利益の伸び率であれば理想的です。
　ii　減収増益タイプ
　　前年より売上が減少したが，利益は増加したという会社です。
　　このタイプの会社は，市場シェアは低下しているが，仕入価格や諸経費の削減努力により利益を増加させていると考えられます。また，赤字部門や赤字製品を撤収した場合もこのパターンになります。
　iii　増収減益タイプ
　　前年よりも売上が増加したものの，利益が減少した会社が該当します。このようなタイプになる原因は，市場シェアは拡大しつつあるが，価格競争等による利幅の縮小や諸経費の増加等が考えられます。
　iv　減収減益タイプ
　　売上も利益も減少してしまった会社が該当します。
　　このようなタイプとなる原因は，製品などが衰退期に入ってきている可能性等が考えられます。

5　決算書分析を行っていない会社

「勘」と「経験」で経営をしていることになります。

こうした会社では，数字でモノを考える思考ができていません。このため，仕事が減ってきても「景気が悪いからだ」あるいは，「そのうちまた持ち直すだろう」と考えて，特に原因を追及しません。

そうこうしているうちに会社の業績がさらに悪くなって，どうにもならなくなり，初めて「何とかしなければ」と思います。しかし，その時には，とりかえしのつかない事態になっている場合があります。

まさに，成り行き経営です。これでは，会社は良くなるはずがありません。

6　決算書分析を行っていない会社の社長へ

Q1　仕事をしていれば，会社は良くなります。決算の数字は関係ないと思いますが？

⇒ 決算書分析により，取り扱っている製品の売上の変化を知ることができます。

社長
「決算の数字を見ても業績が良くなるわけではありません。今ある仕事を一生懸命すれば，必ず結果につながります」

宮内
「現在の仕事をきちんと遂行することは大切です。しかし，仕事をきちんとしても，市場に新たな製品が出てきて，いつの間にか売れなくなることもあります。毎年決算書で，取り扱っている製品の売上がどう変化しているかなど分析する必要があります」

Check!　決算書を読むことにより，「粗利益が高い製品だから利益が大きくなっている」，あるいは「手作業が多いために，利益が人件費に取られている」などの原因が分析できます。

Q2 決算書は顧問税理士が作ります。それだけで十分では？

⇒ 自社の決算書を分析しない社長を，取引金融機関は評価しません。

社長

「決算書は税務申告や取引金融機関に提出するために作るだけです」

宮内

「確かに，決算書は，制度上税務申告などで作成しなければなりません。また，融資などがあれば取引金融機関にも提出します。特に取引金融機関には，決算について概況を説明しなければなりません。しかし，顧問税理士に説明してもらっていては，自分の会社の経理をわかっていないとして取引金融機関からは評価されません。社長自ら，決算書により業績の説明を行うとともに新年度の方針を伝えることが大切です。そうすることで，取引金融機関の信頼も高まります」

Check! 決算書は，自社の1年間の成果を表すものです．社長自らが自社のことを決算書で語ることが重要です．重要な説明は，専門家だからといって任せっきりにしないことです．

Q3 決算書は難しくてわからないのですが……。

⇒ **簿記の知識を学ぶ意欲があれば，そう難しくはありません。顧問税理士に解説をお願いするのもお勧めです。**

社長

「決算書は，専門的すぎてどう見たらいいかわかりません」

宮内

「決算書には，主に損益計算書や貸借対照表がありますが，その中身は，専門的でわかりづらい部分もあると思います。しかし，簿記の知識を少し学んだり，顧問税理士に教えてもらえば，理解できるようになります。決算書は，自社の現状を数字で表しているものなので，積極的に決算書の分析に取り組みましょう」

|Check!| 数字の羅列で難しいから見ないのでは困ります。なぜなら，決算書は会社の通信簿です。それを見てどこに問題があるのかをきちんと認識する必要があります。そして，問題点があれば，どこを改善すればよいのかを考えてみましょう。

第8章

仕組みの導入で経営改善した事例

　最後に，仕組み導入で経営改善した製造会社と建設会社の事例をご紹介したいと思います。どちらも，経営計画の仕組みを基本とし，その中でさらに，部門の仕組みを導入しました。

　具体的には，製造会社では，部門の仕組みとして，5Sを中心にして改善を，建設会社では，実行予算管理と購入管理と外注管理を中心にした改善を進めていきました。

事例1　製造会社の経営改善

1　現　況

　A社は，印刷製造業で創業30年です。売上高は3.1億円，社員は30名です。デザイン印刷を得意として，会社案内，社史，一般商業印刷などを手がけています。また，最近では，ホームページ制作にも積極的に取り組んでいます。

　しかし，ここ数年，会社の財務状況は悪化し営業利益でマイナスが出ていました。

2　業績低下の原因

　A社の業績が低下した原因には，次のようなものがありました。

　第1に，社内の営業と製造のあいだで連絡ミスが常時発生し，毎年数百万円単位の損失が出ていました。

　第2に，取引先は固定していますが，取引先の電子化により紙媒体が減少し印刷物の受注が少なくなっていました。

　第3に，価格競争が激化し，自社の印刷コストでは受注できないケースが散見していました。

　こうした現状から，経営計画を作成し，5Sを中心として業務の改善を行うとともに，売上拡大とコストダウンを推進していくことにしました。

3 経営計画の主要部分

A社が作成した経営計画は，次のようなものです。

経営ビジョン	印刷製造業として他社が真似できない分野を確立してオンリーワン企業になる
経営目標	売上高3.6億円，経常利益　1,080万円（売上高の3％）
主要施策	共通部門…5Sの推進，ISO9001認証取得 営業部門…目標売上高○○万円，新規先開拓○件，リピート先の深耕 制作部門…企画書提案　獲得○件，ホームページの制作 製造部門…製造コスト○％削減，製造印刷ミスゼロ

4 5Sを会社で推進

実施策1──整理による改善

　工場では，在庫が山積みになっていました。また，長期間使わない在庫も多くありました。そこで，ムダな在庫は廃棄，転用しました。在庫の見直しは，適正在庫分析表を作成して行いました。

　具体的には，出荷ロット数，平均出荷数，保有月数，最新入荷日，最新入荷数，最新出荷日，最新出荷数を基に在庫量の評価を実施し，デッドストック，スリーピングストック，ランニングストックに評価区分し，適正在庫量を決めていきました。この作業でムダな在庫がなくなり，適正在庫量を保有することになりました。

適正在庫分析表

品名	在庫量	出荷ロット数		平均出荷数	保有月数	最新入荷日	最新入荷数	最新出荷日	最新出荷数	評価
		最小	最大							
袋	1,900	100	300	100	19	4.1	2,000	7.1	100	デッドストック

　適正在庫量を分析し見直した結果，製品の在庫回転期間（在庫に対する平均日商）は，7.8日で，前年度8.1日に対して0.3日短縮しました。また，材料の在庫回転期間も2.2日で前年度2.3日に対して0.1日短縮しました。製品，材料とも在庫保有期間が改善されました。

実施策2――整頓による改善

　A社では書類や工具などが散乱し，書類や工具などを紛失したり，探したりするのに時間がかかり，作業効率が悪くなっていました。このため，書類，材料，仕掛品，製品などを中心に整頓の管理表を作成し管理の徹底をしていきました。この作業により，書類や工具などの紛失や探す手間がなくなり，作業時間の削減につながりました。

整頓管理表

対象	場所	方法	見出し			
	どこの場所に置くか	どんな方法で行うか	見出しをどうするか	見出しをどこにつけるか	見出しの内容は何か	重要度はどの程度か
材料	指定台	載せる	かんばん	置き場	品名，品番	A

整頓の徹底の結果，労務費が削減され，労務費比率（売上高に対する労務費）は23.2％で，前年度24.1％に対して0.9ポイント低下しました（労務費削減には，後述の清掃，清潔の労務費削減分も含まれます）。

また，人件費も削減され，人件費比率（売上高に対する人件費）は，14.4％で，前年度15.6％に対して1.2ポイント低下しました。

（注）　人件費は，営業強化で1名増員していますので，今期は増加費用4,000千円を除外して計算しています。

実施策3──清掃による改善

製造部門では，印刷機械の不具合により，印刷物が汚れ，しばしば刷り直しが行われていました。また，印刷機械が頻繁に故障し，印刷作業が停止していました。このため，機械点検表を作成し機械の日常点検，定期点検を実施しました。

この機械点検により，機械による印刷物の汚れや機械の故障による作業停止が削減されました。

機械点検表

点検項目		点検者	山田	山田	山田	山田
			2／1	2／2	2／3	2／4
機械運転音			○	○	○	○
注油	日常		○	○	○	○
	定期		○			

- 点検記号：点検正常…○，点検異常…×，修理後正常…△
- 管理基準：機械運転音に異常はないか，注油は正常範囲か

機械の日常点検と定期点検を実施した結果，材料費が削減され，材料費比率（売上高に対する材料費）は，13.8％で，前年度15.9％に対して2.1ポイント低下しました。また，刷り直しの時間や機械の故障による待機時間も削減され労務費の削減につながりました。さらに，納入先で不良品のクレームが発生していましたが，清掃により不良品が減少し顧客の信頼度が向上しました。

この結果，売上高はここ数年下降傾向でしたが，増加に転じました。

実施策4――清潔による改善

A社では社員により，作業時間にバラツキがありました。また，作業手順書も制定されたものはありませんでした。そこで，作業時間の標準化と作業手順書の整備を進めました。

作業時間の標準化は，作業工程ごとの日報に作業時間を設定し，実際の時間と比較しました。そして，標準時間と実時間との間に差異が発生した場合は，理由や対策を記載し対策を講じるようにしました。この対策により，作業時間が削減されました。

印刷作業予定兼日報

品名	前段取開始予定	作業開始	作業終了	後段取完了予定	前段取開始実績	作業開始	作業終了	後段取完了実績	段取差異時間	作業差異時間	差異の理由	差異の対策
	標準時間	標準時間		標準時間	所要時間	所要時間		所要時間				
封筒	16:00	16:20	18:20	18:40	17:50	18:20	21:10	22:00	40	50	○○	○○
	20	120		20	30	170		50				

社員の作業時間の標準化と作業手順書の作成の結果，労務費が削減されました。一方，作業手順書の整備にも取り組み，工程ごとに作業手順書を作成し誰もが同じ手順で作業できるようにしました。

　この手順書により，作業時間が守れるようになりました。また，技能者の高齢化が進み，技能伝承が課題でしたが，この手順書により解消されました。

実施策5──躾による改善

　A社では部門間の連絡ミスや作業の確認ミスで多くの損害が発生していました。そこで，作業方法などの見直しを行いました。第1に，部門間の口頭による連絡は禁止し，作業指示書のみとしました。第2に，手書きの作業指示書を廃止し，作業管理のソフトにより作業指示書をパソコン管理に変更しました。

　これにより，作業指示書の紛失や印刷上の記入漏れがなくなりました。また，作業指示書において，工程ごとに作業内容を確認した確認印を押すようにしました。この確認により，誤発注が減少しました。

　その結果，売上原価が削減され，売上原価率（売上高に対する売上原価）は，70.9％で前年度74.3％に対して3.4ポイント低下しました（売上原価の削減には整頓，清掃，清潔での材料費や労務費の削減も含みます）。

　一方，サービス向上として顧客アンケートを始めて，価格，納期，営業対応などの改善に努めてきました。最近では，納期遅れがない，営業対応が良いなどの声が聞こえるようになりました。サービス改善による売上増加の効果も出てきています。

5　経営内容が改善した

(1) 収益性から見た改善

売上高総利益率は，29.1％（前年度25.7％），売上高営業利益率は，2.4％（前年度△1.0％），売上高経常利益率で見ると1.2％（前年度△2.5％）とプラスになりました。総資本経常利益率も2.6％（前年度△4.0％）とプラスになりました。総資本回転率で見ると2.1回（前年度1.6回）と前年度より0.5回良くなっています。

(2) 安全性から見た改善

流動比率は，395.2％（前年度345.7％）と49.5ポイント改善しました。固定比率は，608.3％（前年度780.0％）と171.7ポイント改善しました。

(3) 成長性から見た改善

売上高の伸び率は，103.8％と前年度比3.8％の伸び率となりました。

また，利益の伸び率は，売上総利益の伸び率で117.3％と前年度比17.3％の伸び率となりました。さらに，営業利益，経常利益はプラスに転じました。

以上，収益性と安全性と成長性の3つの視点から見た財務力が前年度と比較して改善していることがわかりました。

2期比較の損益計算書と貸借対照表

前期　損益計算書		（単位：千円）
売上高		315,000
売上原価		234,000
	材料費	50,000
	労務費	76,000
	外注加工費	83,000
	減価償却費	2,000
	その他経費	23,000
売上総利益		81,000
販売費及び一般管理費		84,000
	販売費	8,000
	一般管理費	76,000
	（うち人件費）	(49,000)
	（うち賃借料）	(5,000)
営業利益		△3,000
営業外収益		0
営業外費用		5,000
経常利益		△8,000
特別損益		0
税引前純当期利益		△8,000
税金		0
当期純利益		△8,000

今期　損益計算書		（単位：千円）
売上高		327,000
売上原価		232,000
	材料費	45,000
	労務費	76,000
	外注加工費	88,000
	減価償却費	1,000
	その他経費	22,000
売上総利益		95,000
販売費及び一般管理費		87,000
	販売費	8,000
	一般管理費	79,000
	（うち人件費）	(51,000)
	（うち賃借料）	(6,000)
営業利益		8,000
営業外収益		2,000
営業外費用		6,000
経常利益		4,000
特別損益		△2,000
税引前純当期利益		2,000
税金		0
当期純利益		2,000

第8章　仕組みの導入で経営改善した事例

前期　貸借対照表　　　　　　　　　　　　　　　　　　　　　（単位：千円）

流動資産		121,000	流動負債		35,000
	当座資産	100,000		買入債務	18,000
	（うち現金預金）	(50,000)		短期借入金	12,000
	（うち売掛債権）	(50,000)		割引手形	0
	棚卸資産	14,000		その他流動負債	5,000
	その他流動資産	7,000	固定負債		154,000
固定資産		78,000		長期借入金	154,000
	有形固定資産	35,000	純資産		10,000
	無形固定資産・投資等	43,000		資本金	30,000
繰延資産		0		剰余金	△20,000
資産計		199,000	負債・純資産計		199,000

（注）　棚卸資産の内訳は，製品7,000千円，材料2,000千円，仕掛品5,000千円

今期　貸借対照表　　　　　　　　　　　　　　　　　　　　　（単位：千円）

流動資産		83,000	流動負債		21,000
	当座資産	65,000		買入債務	16,000
	（うち現金預金）	(15,000)		短期借入金	3,000
	（うち売掛債権）	(50,000)		割引手形	0
	棚卸資産	16,000		その他流動負債	2,000
	その他流動資産	2,000	固定負債		123,000
固定資産		73,000		長期借入金	123,000
	有形固定資産	30,000	純資産		12,000
	無形固定資産・投資等	43,000		資本金	30,000
繰延資産		0		剰余金	△18,000
資産計		156,000	負債・純資産計		156,000

（注）　棚卸資産の内訳は，製品7,000千円，材料2,000千円，仕掛品7,000千円

事例2　建設会社の経営改善

1　現　況

　B社は，創業70年以上と市内では歴史ある有数な建設会社です。売上高は15億円，社員は30名です。

　売上高のうち，公共工事が7割を占めて，あとは民間工事です。また，工事の内訳は，建築工事と土木工事がほぼ50％ずつです。

　外部環境としては，近年，公共工事が減少するとともに，同業者間の競争が激化しています。こうした背景の中，B社は，工事利益が減少傾向にありました。

2　業績低下の原因

　B社の業績が低下した原因には，次のようなものがありました。

　第1に，建築工事で採算が厳しい工事にもかかわらず，担当営業が安易に受注してしまうことがありました。

　第2に，工事部は，実行予算書なしで工事管理をすることがあり，そうした工事は，受注金額を上回る支出になったりしていました。

　第3に，材料費の購入が現場代理人任せで，予算を超えるものもありました。

　第4に，工事管理が外注先任せになり，作業日程が増加したりして外注費の増加につながっていました。

　こうした現状から，経営計画を作成し，実行予算管理，購入管理，外注管理を中心に徹底したコストダウンをしていくことにしました。

3　経営計画の主要部分

B社が作成した経営計画は，次のようなものです。

経営ビジョン	市内建設業でナンバーワンを目指す
経営目標	売上15億円，工事利益率15%
主要施策	営業部門…民間営業を増やし，売上を拡大 工事部門…実行予算管理を徹底 　　　　　材料費，外注費の10%コストダウン 経理部門…材料費の本部集中管理

4　徹底したコストダウンを推進

(1)　実行予算管理によるコストダウン

① 赤字工事の受注はしない

　従来，資金繰りなどのために，赤字見込みの工事でも受注していましたが，結局赤字で受注した工事は，社内でコストダウンなどしてもなかなか黒字にはなりませんでした。このため，赤字見込みの工事は受注をしない方針を打ち出しました。

② 実行予算書なしの受注廃止

　緊急性のある工事などで実行予算書なしで受注して工事に着手している場合がありました。こうした場合は，予算が後づけなので予想外の費用がかかり赤字工事になることがあったことから，緊急性のいかんにかかわらず実行予算書を作成して受注に臨むことにしました。

③ 工事着工前会議の徹底

工事着工前会議において，工事のVEなどをさらに検討し，コストダウンを進めました。

> (注) 建設のVE（Value Engineering）とは，素材などの品質や機能を落とすことなくコストダウンを実現する方法です。具体的には，素材の代替案の検討などを行います。

④ 実行予算管理一覧表の作成と管理

実行予算管理一覧表を作成して，毎月の工事進捗状況の管理と支払資金の管理をするようにしました。そうした管理において，コストダウンの検討会も並行して行い工事期間中のコストダウンを進めました。

(2) 資材管理によるコストダウン

① 資材購入の本部集中

従来，工事ごとに現場代理人が直接購入していましたが，本部で一括購入することにしました。

② 資材購入先の選定

優良な資材購入先を選定するために，「資材購入先・外注先評価表」を作成し，資材購入先を点数評価して優良先を選定しました。

資材購入先・外注先評価表の例

1. 品質（各項目5点満点）
    ① 品質第一の考えが浸透しているか
    ② 品質保証システムができているか
    ③ 不良品再発防止システムができているか

2. コスト（各項目5点満点）
    ① 当社の要求コストに対応できるか
    ② コストの明細が明確になっているか
    ③ コストダウンのための改善活動をしているか

3. 納期（各項目5点満点）
    ① 当社の指定した納期に対応できるか
    ② イレギュラーの納期に対応できるか
    ③ 納期遅れに対応する体制はできているか

4. 技術・技能（各項目5点満点）
    ①高い技術もしくは技能があるか
    ②当社の要求にあった機械や設備はあるか
    ③機械や設備を使う技術者や技能者がいるか

5. ………………

③ 資材購入価格

資材の単価については，自社の価格見積技術をもとに，指値，協議あるいは複数見積りなどにより決定しました。

④ 納期管理

納期管理についての手続きを制定して，納期管理を徹底しました。

⑤ 品質管理

資材購入先の品質の審査を実施するとともに，不良品については，再発防止策をとりました。

⑥ 在庫管理

在庫を必要以上に持つと資金効率などに影響するので，適正在庫の把握，調達時間の短縮，陳腐化の防止を進めました。

⑦ 資材購入先の開拓と育成

常に新たな先の開拓を進めるとともに，既存資材購入先に対して，作業の標準化，品質管理，納期管理の指導育成をしていきました。

(3) 外注管理によるコストダウン

① 内外作の基準を作る

内作の場合の基準と外作の場合の基準を作成し，安易に外注しないようにしました。

② 外注先の選定

優良な外注先を選定するために，「資材購入先・外注先評価表」を作成し，外注先を点数評価して優良先を選定しました。

③ 外注先の価格

外注内容に応じて，自社の価格見積技術をもとに選定した数社から見積りをとり，内容の正確性，妥当性，価格を評価しました。

④　納期管理

納期を順守するために当社の職務分担や責任を明確にしました。また，仕事の命令，報告ルートを一本化していきました。

⑤　品質管理

外注先の品質の審査を実施するとともに，不良部分については，再発防止策をとりました。

⑥　外注先の開拓と育成

常に新たな先の開拓を進めるとともに，既存外注先に対して，作業の標準化，品質管理，納期管理の指導育成をしていきました。

5　経営内容が改善した

(1)　工事利益率の改善

売上拡大よりも利益確保を優先したため，売上は減少したものの，売上高総利益率は，前期は6.3％でしたが，今期は7.4％になり1.1ポイント改善しました。

(2)　材料費の削減

B社の売上高に対する材料費比率は，前期は13.6％でしたが，今期は13.0％になり0.6ポイント削減しました。

(3)　外注費の削減

B社の売上高に対する外注費比率は，前期は69.8％でしたが，今期は64.4％になり5.4ポイント削減しました。

6　2期比較の損益計算書（売上総利益まで）

前期　損益計算書	（単位：千円）
売上高	1,600,000
売上原価	1,500,000
材料費	217,000
外注費	1,116,000
その他	167,000
売上総利益	100,000

今期　損益計算書	（単位：千円）
売上高	1,350,000
売上原価	1,250,000
材料費	175,000
外注費	869,000
その他	206,000
売上総利益	100,000

　目標工事利益率を厳守する工事の受注を目指し，不採算工事は受注しなかったため，売上高が前期比15.6％減少しました。しかし，売上高に対する売上原価比率は，92.6％となり前期に比較して1.2ポイント減少しました。
　これは，①工事の実行予算管理の徹底，②資材購入の本部集中による購入価格の引下げ，③外注工事の価格交渉による工事価格の引下げで材料費と外注費が削減されたためであり，B社は利益体質に変わりつつあります。

おわりに

　最後までお読みいただきありがとうございました。

　会社の成長を目指していくうえで，本書でご紹介しました経営の仕組みはいずれも，会社にとって大きな財産となるものばかりです。

　ただ，仕組みを取り入れたいと思っても，「実際，構築するのには時間と労力がかかる，あるいは実行していくのにも慣れるまで大変だ」といって作業を中断したり手を付けないで終わってしまう例も見られます。

　例えば，工場で利用する作業手順書ひとつ取ってみても，まず作るのは大変です。いままでは，口伝えだったので口頭で済みましたが，仕組みを取り入れるとなると，作業を文書で書くことになります。伝える役目の先輩社員が作業手順書として落とし込むのは容易ではありません。普段文書など書かない社員が，定形の用紙に手順書を書くには時間と労力をかなり使います。

　場合によっては，出来上がるまでに半年くらいかかるかもしれません。しかし，作業手順書が出来上がりますと，これから学んでいく社員には，その作業手順書を読むだけで，作業の基本が理解できるようになります。

　その後，実践で作業を覚えていくわけですが，作業手順書があることにより，作業の修得は格段に早くなります。会社にとっては時間をかけずに戦力となります。その結果，生産性が向上します。

おわりに

　一方，中小企業では熟練の社員が定年退職する際に，技能伝承をどうしようかというのが悩みの種です。こうした際に，作業手順書は威力を発揮します。これがあれば，技能の伝承書になりますし，仕事が見える化しますので，事業承継の土台にもなります。

　経営の仕組みは，取り入れる時に時間と労力がかかっても，完成した後は，会社に対する貢献度は非常に高いものばかりです。

　また，経営の仕組みは実行しなければ何も始まりません。自社の状況により，優先順位をつけて今日から，本書でご紹介しました仕組みを取り入れていただきたいと思います。

　最後に，株式会社中央経済社の牲川健志様には，本書の編集にあたり，ご指導いただきまして大変お世話になりました。

　また，経営・財務コンサルティングの髙野総合コンサルティング株式会社の鏡高志社長にも，本書刊行にあたりご尽力をいただきました。この場を借りて厚く御礼申し上げます。

［参考文献］

- 『無印良品は，仕組みが9割　仕事はシンプルにやりなさい』松井忠三著，角川書店
- 『ガーバー流　社長がいなくても回る「仕組み」経営』堀越吉太郎著，中経出版
- 『儲かる会社は人が1割仕組みが9割―今いる社員で利益を2倍にする驚きの方法』児島保彦著，ダイヤモンド社
- 『A4一枚で成果を出す！まんがでわかる　経営計画の作り方，進め方』宮内健次著，ウェッジ
- 『1から学ぶ企業の見方』宮内健次著，近代セールス社
- 『A4一枚から作成できる・PDCAで達成できる経営計画の作り方・進め方』宮内健次著，日本実業出版社
- 『経営計画で儲かる会社に変える』宮内健次著，近代セールス社
- 『5Sで決算書がグングン良くなるんです』宮内健次編著，日刊工業新聞社
- 『経営者のための事業承継マニュアル』中小企業庁

■著者紹介

宮内　健次（みやうち　けんじ）

中小企業診断士，社会保険労務士
株式会社千葉銀行に入社し，支店，本部勤務後，株式会社ちばぎん総合研究所にてコンサルティング部門を25年間経験し部長職など歴任し，現職務となる。
コンサルティングでは，経営計画の作成・推進支援，経営改善支援，5S導入支援，人事制度構築支援，ISO認証取得支援，社員教育などを行うとともに，経営の仕組みの導入を指導してきた。
東京商工会議所をはじめ各地商工会議所などでの講演，TV出演，新聞・経営専門誌への寄稿など多数。
現在は，千葉県産業振興センターにて企業の経営相談等に携わる。
企業の経営指導件数は1万件以上。
主な著書として，
『A4一枚で成果を出す！まんがでわかる　経営計画の作り方，進め方』（ウェッジ）
『1から学ぶ企業の見方』（近代セールス社）
『A4一枚から作成できる・PDCAで達成できる経営計画の作り方・進め方』（日本実業出版社）
『はじめての経営計画の作り方・活かし方』（日本実業出版社）
『経営計画で儲かる会社に変える』（近代セールス社）
『5Sで決算書がグングン良くなるんです』（編著，日刊工業新聞社）など

黒字を実現する20の「仕組み」の進め方

2018年12月1日　第1版第1刷発行

著　者　宮　内　健　次
発行者　山　本　　　継
発行所　㈱中央経済社
発売元　㈱中央経済グループ
　　　　パブリッシング

〒101-0051　東京都千代田区神田神保町1-31-2
電話　03（3293）3371（編集代表）
　　　03（3293）3381（営業代表）
http://www.chuokeizai.co.jp/
印刷／文唱堂印刷㈱
製本／誠　製　本㈱

Ⓒ 2018
Printed in Japan

＊頁の「欠落」や「順序違い」などがありましたらお取り替えいたしますので発売元までご送付ください。（送料小社負担）
ISBN978-4-502-28461-8　C3034

JCOPY〈出版者著作権管理機構委託出版物〉本書を無断で複写複製（コピー）することは，著作権法上の例外を除き，禁じられています。本書をコピーされる場合は事前に出版者著作権管理機構（JCOPY）の許諾を受けてください。
JCOPY〈http://www.jcopy.or.jp　eメール：info@jcopy.or.jp　電話：03-3513-6969〉

●書籍のご案内●

＜好評発売中＞

経営のための
データマネジメント入門

喜田昌樹［編著］
一般社団法人日本情報システム・ユーザー協会
ビジネスデータ研究会［編］

情報システム部門やIT部門ではなく、経営層・業務部門に向けてデータマネジメントをビジネス、経営学の視点から解説。企業におけるデータ活用の指針というべき一冊。

定価■本体2,800円＋税

●中央経済社●